한자 획 쓰는 순서

1

위에서 아래로 씁니다.

2
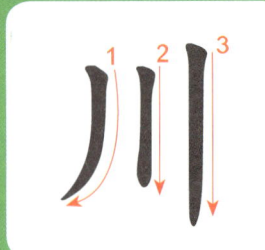
왼쪽에서 오른쪽으로 씁니다.

3
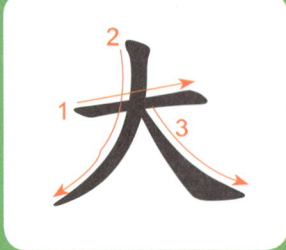
가로획을 먼저 쓰고
세로획은 나중에 씁니다.

4

몸을 이루는 바깥 부분을
먼저 씁니다.

5

글자 전체를 꿰뚫는 획은
나중에 씁니다.

6
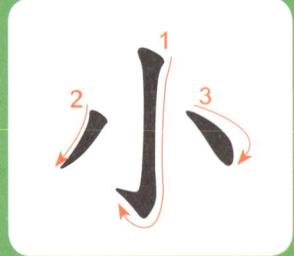
좌우 대칭일 때에는 가운데
획을 먼저 씁니다.

7

삐침(丿)은 파임(乀)보다
먼저 씁니다.

8

오른쪽 위의 점은 맨 나중에
찍습니다.

9

받침은 맨 나중에
씁니다.

*본 도서의 필순은 한국어문회의 규정을 따르고 있습니다.

수학 시간에
한자 쓰기

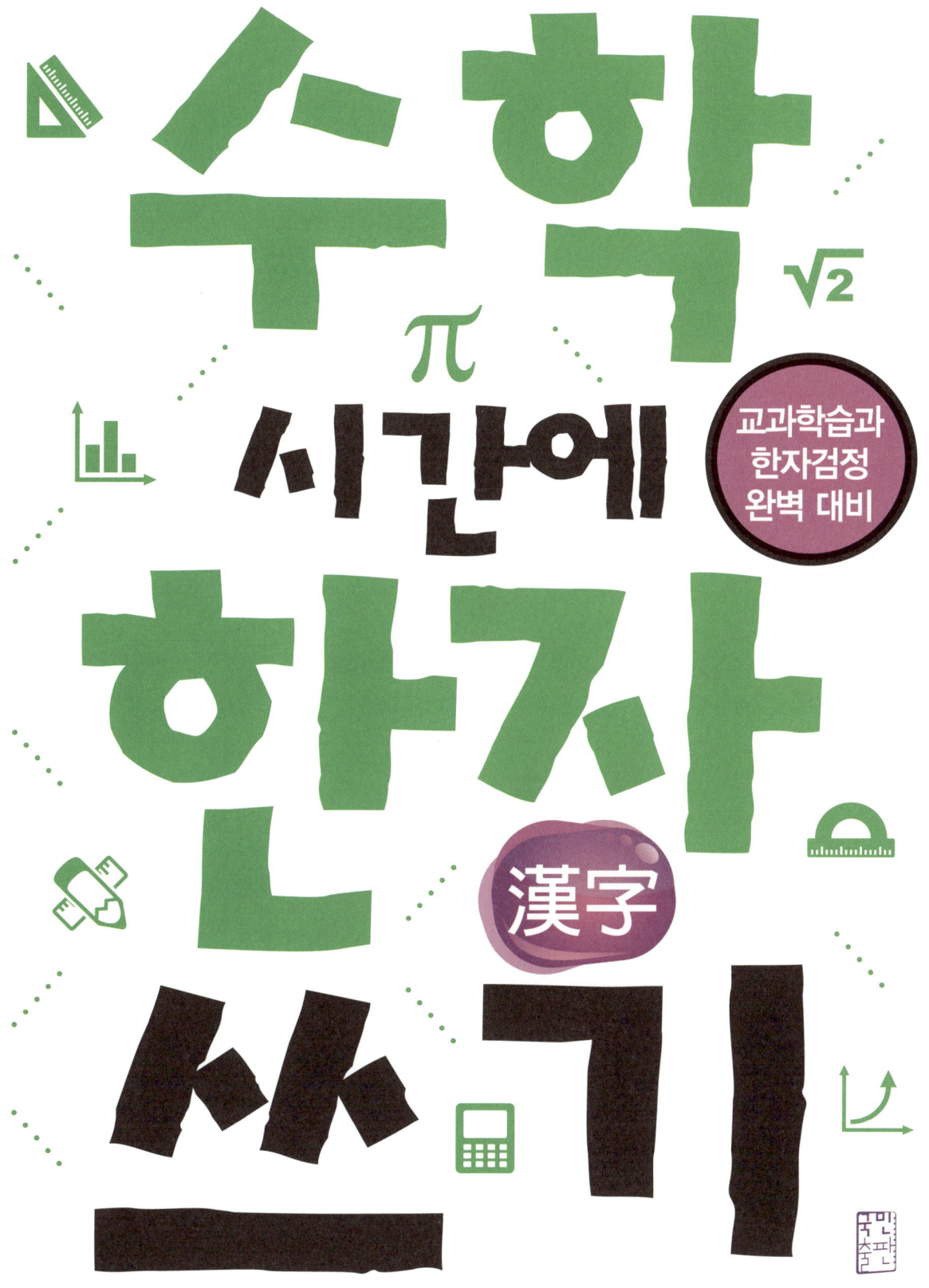

일러두기

〈수학 시간에 한자 쓰기〉, 이렇게 공부하세요

- 하루에 5분씩 기초 한자를 쓰고 익힐 수 있어요.
- 한자능력검정시험 5·6급 필수 한자를 익힐 수 있어요.

공부할 단어의 수준을 알 수 있어요.

한자의 모양을 찬찬히 살펴보며 따라 읽어 보세요.

왜 이런 단어가 만들어졌는지 알 수 있어요.

교과서 수준의 기초 문제를 수록했어요. 문제를 풀며 한자가 어디에 어떻게 쓰였는지 공부해요.

교과서에 나오는 개념을 보다 자세하게 알 수 있어요.

Chapter 10

5학년 1학기 약분과 통분

約分과 通分
약분과 통분

분모와 분자를 두 수의 공약수로 나누면 약분, 분모가 다른 분수를 분모가 같은 분수로 고치면 통분이라 합니다.

→ 공약수로(約) + 나누다(分) = 約分
→ 통하는(通) + 분모(分)를 만들다 = 通分

① 분수의 분모와 분자를 그들의 공약수로 나누어 간단히 하는 것을 (　　　)한다고 한다.
② 분수의 분모를 같게 하는 것을 (　　　)한다고 한다.

다음 분수와 크기가 같은 분수를 모두 찾으시오.
〈보기〉 $\frac{12}{18}$ → ① $\frac{24}{36}$ ② $\frac{2}{3}$ ③ $\frac{2}{6}$ ④ $\frac{4}{6}$ ⑤ $\frac{7}{12}$

약분(約分)은 분모와 분자를 그 둘의 공약수로 나누는 것을 뜻합니다. 約分을 하면 분수의 크기는 그대로이지만 수를 좀 더 간단하게 나타낼 수 있어요. 최대공약수로 약분한 분수는 기약분수가 됩니다. 한편, 통분(通分)은 분모가 다른 분수를 분모가 같은 분수로 고치는 것이랍니다. 通分을 할 때는 각 분모의 최소공배수가 분모가 되도록 분수를 고쳐줍니다. 이 분모를 공통분모라 해요. $\frac{2}{3}-\frac{1}{2}$의 식에서 3과 2의 최소공배수는 6이기 때문에 $\frac{2}{3}$는 $\frac{4}{6}$로, $\frac{1}{2}$은 $\frac{3}{6}$으로 고칠 수 있지요.

한자 넓혀 보기
- 旣約分數(기약분수): '이미(旣)' 약분된 분수라는 뜻으로, 더 이상 약분할 수 없는 분수.

36 수학 시간에 한자 쓰기

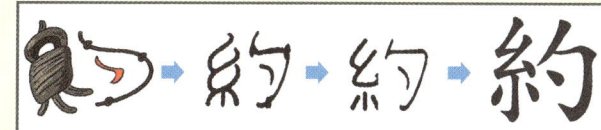

각 한자가 어떻게 만들어졌는지
알 수 있어요.

실(糸)을 묶는다고 해서 '맺다'를 뜻하는 글자.

자세한 한자의 유래를 알 수 있어요.

한자능력검정시험 5급 한자

공부할 한자의 급수를
알 수 있어요.

부수: 糸 (실사변)

어떤 글자들이 합쳐졌는지
알 수 있어요.

자형의 원리

부수: 糸(실사변)　　한자능력검정시험 5급 한자

맺을 약

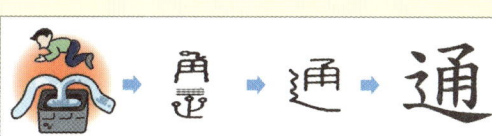

실(糸)을 묶는다고 해서 '맺다'를 뜻하는 글자.

획순에 따라 차근차근
한자를 써 보세요.

約	約	約	約	約	約	約	約	約	約
맺을 약	맺을 약	맺을 약	맺을 약	맺을 약	맺을 약	맺을 약	맺을 약	맺을 약	맺을 약

부수: 辶(책받침)　　한자능력검정시험 6급 한자

通
통할 통

우물의 물이 흘러 바다까지 통한다 해서 '통하다'를 나타낸 글자.

通	通	通	通	通	通	通	通	通	通
통할 통	통할 통	통할 통	통할 통	통할 통	통할 통	통할 통	통할 통	통할 통	통할 통

뜻과 음을 읽으며
또박또박 따라 써 보세요.

約分							
約分							
通分							
通分							

단어를 한번에 써 보세요.

주제별로 분류한
기초 한자를 공부해요.

기초 한자 한눈에 보기
(6급 150자 + 5급 200자)

기초 한자 목록

- 6급 선정한자
- 5급 선정한자

ㄱ	價 값 가	加 더할 가	可 옳을 가	各 각각 각	角 뿔 각	感 느낄 감	強 강할 강	改 고칠 개
開 열 개	客 손 객	擧 들 거	去 갈 거	健 굳셀 건	件 물건 건	建 세울 건	格 격식 격	見 볼 견
決 결단할 결	結 맺을 결	輕 가벼울 경	敬 공경 경	競 다툴 경	景 볕 경	京 서울 경	計 셀 계	界 지경 계
告 고할 고	固 굳을 고	高 높을 고	考 생각할 고	苦 쓸 고	古 예 고	曲 굽을 곡	功 공 공	公 공평할 공
共 한가지 공	課 공부할 과	科 과목 과	果 열매 과	過 지날 과	關 관계할 관	觀 볼 관	廣 넓을 광	光 빛 광
橋 다리 교	交 사귈 교	具 갖출 구	球 공 구	區 구분할 구	救 구원할 구	舊 예 구	局 판 국	郡 고을 군
貴 귀할 귀	規 법 규	近 가까울 근	根 뿌리 근	今 이제 금	急 급할 급	級 등급 급	給 줄 급	期 기약할 기
己 몸 기	汽 물끓는김 기	技 재주 기	基 터 기	吉 길할 길	ㄴ	念 생각 념	能 능할 능	ㄷ

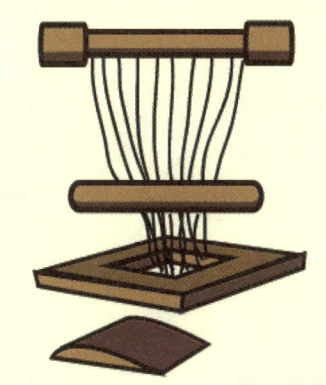

多	壇	團	短	談	當	堂	待	代
많을 다	단 단	둥글 단	짧을 단	말씀 담	마땅 당	집 당	기다릴 대	대신할 대
對	德	圖	都	度	島	到	讀	獨
대할 대	큰 덕	그림 도	도읍 도	법도 도	섬 도	이를 도	읽을 독	홀로 독
童	頭	等	ㄹ	落	樂	朗	冷	良
아이 동	머리 두	무리 등		떨어질 락	즐길 락	밝을 랑	찰 랭	어질 량
量	旅	歷	練	領	令	例	禮	路
헤아릴 량	나그네 려	지날 력	익힐 련	거느릴 령	하여금 령	법식 례	예도 례	길 로
勞	綠	料	類	流	陸	理	李	利
일할 로	푸를 록	헤아릴 료	무리 류	흐를 류	뭍 륙	다스릴 리	오얏 리	이로울 리
ㅁ	馬	末	亡	望	買	賣	明	目
	말 마	끝 말	망할 망	바랄 망	살 매	팔 매	밝을 명	눈 목
無	聞	米	美	ㅂ	朴	班	反	半
없을 무	들을 문	쌀 미	아름다울 미		성씨 박	나눌 반	돌이킬/돌아올 반	반 반
發	放	倍	番	法	變	別	病	兵
필 발	놓을 방	곱 배	차례 번	법 법	변할 변	나눌 별	병 병	병사 병

福 복복	服 옷복	本 근본 본	奉 받들 봉	部 떼/거느릴 부	分 나눌 분	比 견줄 비	費 쓸 비	鼻 코 비
氷 얼음 빙	ㅅ	社 모일 사	寫 베낄 사	史 사기 사	思 생각 사	士 선비 사	仕 섬길 사	査 조사할 사
死 죽을 사	使 하여금 사	産 낳을 산	賞 상줄 상	相 서로 상	商 장사 상	書 글 서	序 차례 서	石 돌 석
席 자리 석	選 가릴 선	鮮 고울 선	船 배 선	仙 신선 선	線 줄 선	善 착할 선	雪 눈 설	說 말씀 설
省 살필 성	性 성품 성	成 이룰 성	洗 씻을 세	歲 해 세	消 사라질 소	束 묶을 속	速 빠를 속	孫 손자 손
樹 나무 수	首 머리 수	宿 잘 숙	順 순할 순	術 재주 술	習 익힐 습	勝 이길 승	示 보일 시	始 비로소 시
式 법 식	識 알 식	神 귀신 신	身 몸 신	信 믿을 신	新 새 신	臣 신하 신	實 열매 실	失 잃을 실
ㅇ	兒 아이 아	惡 악할 악	案 책상 안	愛 사랑 애	野 들 야	夜 밤 야	約 맺을 약	藥 약 약

弱	養	陽	洋	魚	漁	億	言	業
약할 약	기를 양	볕 양	큰바다 양	물고기 어	고기잡을 어	억 억	말씀 언	업 업

熱	葉	永	英	屋	溫	完	要	曜
더울 열	잎 엽	길 영	꽃부리 영	집 옥	따뜻할 온	완전할 완	요긴할 요	빛날 요

浴	勇	用	友	雨	牛	雲	運	雄
목욕할 욕	날랠 용	쓸 용	벗 우	비 우	소 우	구름 운	옮길 운	수컷 웅

園	遠	原	願	元	院	位	偉	油
동산 원	멀 원	언덕/근원 원	원할 원	으뜸 원	집 원	자리 위	클 위	기름 유

由	銀	飮	音	意	衣	醫	耳	以
말미암을 유	은 은	마실 음	소리 음	뜻 의	옷 의	의원 의	귀 이	써 이

因	任	ㅈ	者	昨	作	章	再	在
인할 인	맡길 임		놈 자	어제 작	지을 작	글 장	두 재	있을 재

材	財	災	才	爭	貯	的	赤	典
재목 재	재물 재	재앙 재	재주 재	다툴 쟁	쌓을 저	과녁 적	붉을 적	법 전

戰	傳	展	節	切	店	停	庭	情
싸움 전	전할 전	펼 전	마디 절	끊을 절	가게 점	머무를 정	뜰 정	뜻 정

定 정할 정	題 제목 제	第 차례 제	調 고를 조	朝 아침 조	操 잡을 조	族 겨레 족	卒 마칠 졸	終 마칠 종
種 씨 종	罪 허물 죄	州 고을 주	晝 낮 주	週 돌 주	注 부을 주	止 그칠 지	知 알 지	質 바탕 질
集 모을 집	ㅊ	着 붙을 착	參 참여할 참	唱 부를 창	窓 창 창	責 꾸짖을 책	鐵 쇠 철	淸 맑을 청
體 몸 체	初 처음 초	最 가장 최	祝 빌 축	充 채울 충	致 이를 치	則 법칙 칙	親 친할 친	ㅌ
打 칠 타	他 다를 타	卓 높을 탁	炭 숯 탄	太 클 태	宅 집 택	通 통할 통	特 특별할 특	ㅍ
板 널빤지 판	敗 패할 패	表 겉 표	品 물건 품	風 바람 풍	必 반드시 필	筆 붓 필	ㅎ	河 물 하
寒 찰 한	合 합할 합	害 해할 해	行 다닐 행	幸 다행 행	向 향할 향	許 허락할 허	現 나타날 현	形 모양 형
號 이름 호	湖 호수 호	畵 그림 화	化 될 화	和 화할 화	患 근심 환	黃 누를 황	會 모일 회	效 본받을 효
訓 가르칠 훈	凶 흉할 흉	黑 검을 흑						

머리말

수학을 어려워하는 친구들이 많습니다. 수학 공부, 어떻게 해야 할까요? 그 답은 바로 '개념'에 있습니다.

수학은 숫자로만 이루어져 있다고 생각하는 친구들이 있어요. 하지만 과학만큼이나 수학에도 중요한 개념들이 많습니다. 수학을 잘하기 위해서는 이 개념들을 잘 알아야 합니다. 그런데 이 개념들을 잘 살펴보면 무엇이 보일까요? 바로 '한자'입니다.

구구단을 달달 외우고, 공식을 달달 외운다고 해서 수학을 잘하게 될까요? 오히려 지나치게 많은 공부량에 질려 수학을 멀리하게 됩니다. 게다가 수학에는 비슷하게 생긴 개념들도 많습니다. 수와 숫자의 차이는 무엇일까요? 진분수와 가분수, 대분수는 어떻게 구분할 수 있을까요? 수학의 기본 한자를 알면 이 개념들을 확실하게 구분할 수 있습니다.

〈수학 시간에 한자 쓰기〉는 〈과학 시간에 한자 쓰기〉, 〈국어 시간에 한자 쓰기〉에 이은 '하루 5분 한자 쓰기의 힘' 시리즈입니다. 수와 숫자, 도형과 규칙, 측정, 비와 비율, 자료와 정리의 표현, 수학 학습 한자로 나누어 교과서에서 만나 볼 수 있는 다양한 수학 개념들을 모았습니다. 한자의 형성과 함께 이해를 돕는 간단한 문제도 수록하여 반복 학습이 가능하도록 꾸몄습니다. 한자능력검정시험 5·6급 한자 위주로 구성해 하루 5분 한자를 쓰고 익히며 학습과 급수를 동시에 대비할 수 있습니다.

〈수학 시간에 한자 쓰기〉를 통해 수학에 흥미를 갖는 아이가 되기를 바랍니다.

2018년 1월
김 영 광

목 차

- 일러두기 ·6
- 기초 한자 목록 ·8
- 머리말 ·13

PART 01
수와 연산

- **數字**(수와 숫자) ·18
- **基數 序數**(기수와 서수) ·20
- **億 兆**(억과 조) ·22
- **分數**(분수) ·24
- **小數**(소수) ·26
- **公約數**(약수와 공약수) ·28
- **公倍數**(배수와 공배수) ·30
- **最大公約數**(최대공약수) ·32
- **最小公倍數**(최소공배수) ·34
- **約分 通分**(약분과 통분) ·36

PART 02
도형과 규칙

- **圖形**(도형) ·40
- **直線 線分**(직선과 선분) ·42
- **曲線**(곡선) ·44
- **角度**(각과 각도) ·46
- **垂直**(수직) ·48
- **平行**(평행) ·50
- **多角形**(다각형) ·52
- **圓 球**(원과 구) ·54
- **多面體**(다면체) ·56
- **展開圖**(전개도) ·58
- **合同**(합동) ·60
- **對稱**(대칭) ·62
- **規則**(규칙) ·64
- **順序**(순서) ·66
- **變化**(변화) ·68

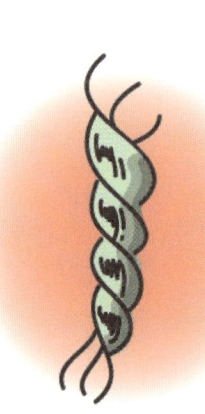

PART 03
측정

- **數量**(수량) ·72
- **測定**(측정) ·74
- **單位**(단위) ·76
- **時間**(시간) ·78
- **距離**(거리) ·80
- **以上**(이상) ·82
- **以下**(이하) ·84
- **超過**(초과) ·86
- **未滿**(미만) ·88
- **近似**(근삿값) ·90
- **半**(올림, 내림, 반올림) ·92

PART 04
비와 비율, 자료의 정리와 표현

- **對應**(대응) ·96
- **正反比例**(정비례와 반비례) ·98
- **比率**(비와 비율) ·100
- **比例式**(비례식) ·102
- **比例配分**(비례배분) ·104
- **資料**(자료) ·106
- **分類**(분류) ·108
- **圖表**(표와 도표) ·110
- **確率**(확률) ·112
- **統計**(통계) ·114
- **集合**(집합) ·116

PART 05
수학 학습 한자

- **番號**(번호) ·120
- **該當**(해당) ·122
- **原理**(원리) ·124
- **說明**(설명) ·126
- **練習**(연습) ·128
- **解決**(해결) ·130
- **結果**(결과) ·132
- **基本**(기본) ·134
- **注意**(주의) ·136
- **方法**(방법) ·138
- **評價**(평가) ·140
- **部分**(부분) ·142
- **利用**(이용) ·144
- **科目**(과목) ·146

- 찾아보기 ·148

PART 01

수와 연산

수학은 수(數)에 대한 학문(學)이에요. 수학에서는 가장 먼저 여러 가지 수를 배우고, 그 수를 가지고 다양한 계산을 하게 됩니다. 그렇기 때문에 우리는 수와 연산으로 시작하게 되는 거예요. 세상에는 정말로 다양한 수가 있지요. 알면 알수록 놀라운 수의 세상으로 풍덩 빠질 준비 되셨나요?

Chapter 01

1학년 1학기 9까지의 수

數와 數字 수와 숫자

왜 數와 數字일까요?

수는 사물을 세거나 헤아린 값, 숫자는 수를 나타내는 기호입니다.

→ 수(數)를 나타내는 + 글자(字) = **數字**

교과서 펼쳐 보기

① 사과 한 개가 있을 때 이 '하나'라는 값은 (　　)이다.
② 사과 한 개에서 '하나'를 1, 一, I과 같은 기호로 나타낼 때 이 기호들은 (　　)이다.

49321의 각 자리 數字(숫자)와 자릿값을 빈칸에 알맞게 써넣으시오.

	만의 자리	천의 자리	백의 자리	십의 자리	일의 자리
數字(숫자)	4				
數(수)	40000				

'수'와 '숫자'는 무엇일까요?

수(數)는 일정한 값이에요. 사과 한 개, 배 한 개, 집 한 채에서 '한'은 數지요. 數에는 자연수도 있고, 분수도, 소수도 있어요. 숫자(數字)는 이 數를 나타내는 데 사용하는 기호입니다. 우리는 數字 0, 1, 2, 3, 4, 5, 6, 7, 8, 9를 사용해 數를 나타내요. 인도에서 만들어지고 아라비아 사람들이 알려서 인도-아라비아 數字라고 부릅니다. 옛날에는 사람들마다 다른 기호를 썼지만, 지금은 전 세계에서 이 기호를 사용한답니다.

18 수학 시간에 한자 쓰기

자형의 원리

부수: 攵(등글월문) | 한자능력검정시험 7급 한자

數 셈 수

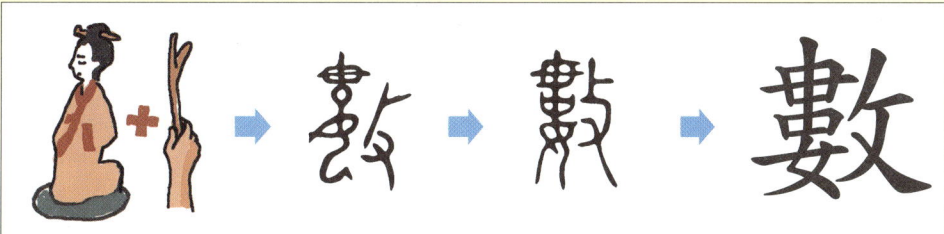

머리를 이중으로 틀어 올린 여자(婁)가 막대를 두드리며(攵) 셈을 한다는 데서 '셈하다'의 뜻을 나타낸 글자.

數	數	數	數	數	數	數	數	數	數
셈 수	셈 수	셈 수	셈 수	셈 수	셈 수	셈 수	셈 수	셈 수	셈 수

부수: 子(아들자) | 한자능력검정시험 7급 한자

字 글자 자

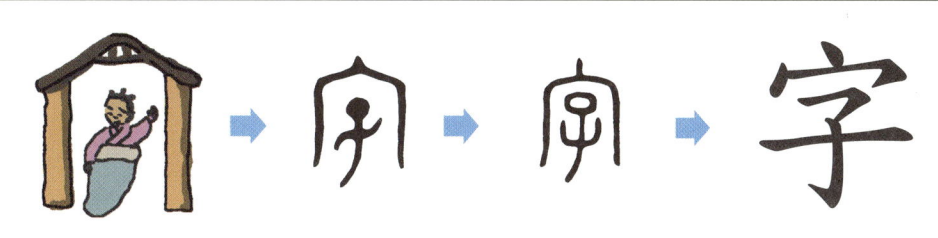

집(宀)에서 자식(子)을 기른다는 뜻이었으나 후에 자식이 불어나듯 글자가 불어난다는 데서 '글자'의 뜻으로 쓰인 글자.

字	字	字	字	字	字	字	字	字	字
글자 자	글자 자	글자 자	글자 자	글자 자	글자 자	글자 자	글자 자	글자 자	글자 자

數字
數字
數字
數字

Chapter 02

1학년 1학기 9까지의 수

基數와 序數
기수와 서수

왜 基數와 序數일까요?

기수는 가장 기본이 되는 수, 서수는 순서를 나타내는 수예요.

→ | 기본(基) | + | 수(數) | = | **基數** |

→ | 순서(序) | + | 수(數) | = | **序數** |

교과서 펼쳐 보기

① 사물의 개수를 세는 기본수를 (　　　)라 한다.
② 순서를 세는 순서수를 (　　　)라 한다.

> 다음 일기를 읽고, 등장하는 수를 쓰임새에 따라 나누어 보시오.
>
> 오늘은 우리 가족이 여행을 가는 날이었다. 엄마, 아빠, 나, 동생 네 명이서 바닷가에 놀러 가기로 했다. 나는 너무 신이 나서 1등으로 일어났다. 한 시간 넘게 차를 타고 멋진 호텔에 도착했다. 우리 방은 3층이었는데, 문에 '7번 방'이라고 써 있었다.
>
> | 개수와 양을 나타내는 수 | 순서를 나타내는 수 | 서로 다른 것을 구분하는 수 |
> |---|---|---|
> | | | |

'기수'와 '서수'는 무엇일까요?

수학을 알기 위해서는 먼저 수의 다양한 쓰임을 알아야 합니다. 수는 기수(基數), 서수(序數), 그리고 기호, 이렇게 세 가지로 쓸 수 있어요. 基數는 개수와 양(量)을 나타낼 때 씁니다. 사과 3개, 키 140cm에서 3과 140은 기수예요. 序數는 순서를 나타내는 수입니다. 달리기 1등, 아파트 5층과 같은 수지요. 기호로 쓰이는 수는 서로 다른 것을 구분하기 위해 씁니다. 전화번호를 생각하면 쉬워요.

20 수학 시간에 한자 쓰기

자형의 원리

부수: 土(흙토) | 한자능력검정시험 5급 한자

터 기

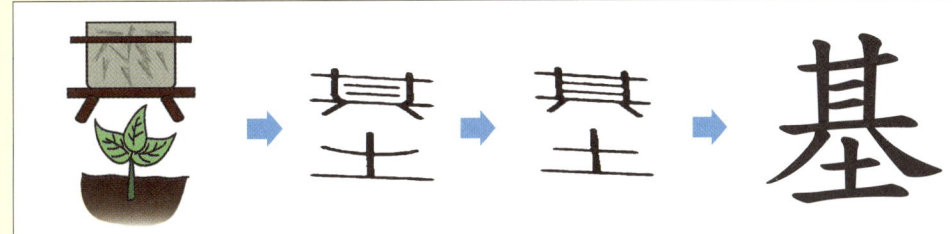

가마니(其)로 흙(土)을 날라 집 지을 터를 만든다는 뜻에서 '터'를 뜻하는 한자.

基	基	基	基	基	基	基	基	基	基	基	基
터 기	터 기	터 기	터 기	터 기	터 기	터 기	터 기	터 기	터 기	터 기	터 기

부수: 广(엄호) | 한자능력검정시험 5급 한자

차례 서

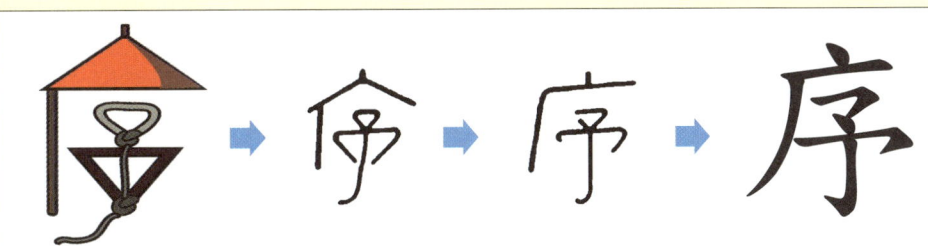

집 안에서 베틀에 이리저리 실을 꿰는 모습의 한자. 천을 짤 때는 실을 차례차례 꿰어야 한다는 뜻에서 '차례'를 뜻함.

序	序	序	序	序	序	序	序	序	序
차례 서	차례 서	차례 서	차례 서	차례 서	차례 서	차례 서	차례 서	차례 서	차례 서

基	數								
基	數								
序	數								
序	數								

수와 연산 **21**

Chapter 03

4학년 1학기 큰 수

億과 兆 억과 조

| 왜 億과 兆일까요? | 수많은 사람들의 생각을 나타내는 수는 억, 미래의 가능성을 나타내는 수는 조예요. |

→ 사람들의(亻) + 뜻(意) = 億

→ 점치는 데 쓰는 거북이 등껍질(兆) = 兆

교과서 펼쳐 보기

① 1000만이 10이면 100,000,000 또는 1(　　)이라 쓰고 (　　) 또는 일(　　)이라고 읽는다.

① 1000억이 10이면 1,000,000,000,000 또는 1(　　)라 쓰고 (　　) 또는 일(　　) 라고 읽는다.

다음 (　)안에 알맞은 수를 쓰시오.
- 1923304800000000은 (　　)兆(조) (　　)億(억)입니다.

'억'과 '조'는 무엇일까요?

'중국의 인구는 약 13억입니다.' '우리나라의 한 해 예산은 400조원이 넘습니다.'와 같은 뉴스를 본 적이 있죠? 일, 십, 백, 천, 만보다 큰 수들에는 억(億), 조(兆), 경(京) 등이 있습니다. 1억은 1만의 1만 배, 1조는 1억의 1만 배랍니다. 큰 수를 읽을 때는 네 자리씩 끊어 읽습니다. 일의 자리부터 네 자리씩 끊어서 얼마만큼 큰 수인지 알아낸 뒤, 왼쪽에서부터 차례대로 읽으면 됩니다. 3847219374는 '38억 4721만 9374'로 읽고, '3,847,219,374'로 쓰지요.

한자 넓혀 보기

- 京(경) : 1조의 1만 배가 되는 수.

22 수학 시간에 한자 쓰기

자형의 원리

부수: 亻(사람인변) | 한자능력검정시험 5급 한자

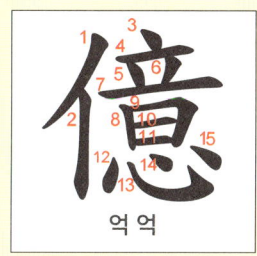
억 억

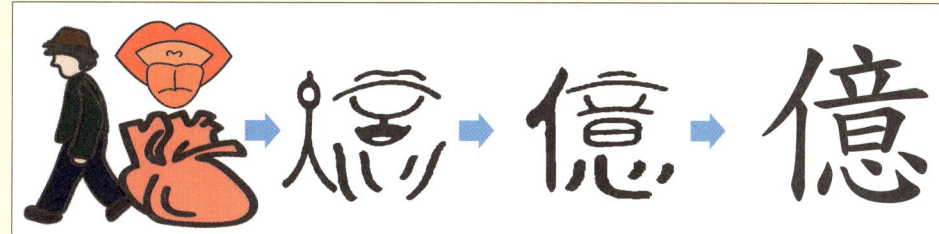

사람(亻=人)이 가지고 있는 뜻(意)은 헤아릴 수 없이 많다는 데서 많은 수인 '억'을 뜻하는 글자.

億	億	億	億	億	億	億	億	億	億	億
억 억	억 억	억 억	억 억	억 억	억 억	억 억	억 억	억 억	억 억	억 억

부수: 儿(어진사람인발) | 한자능력검정시험 3급 한자

조 조

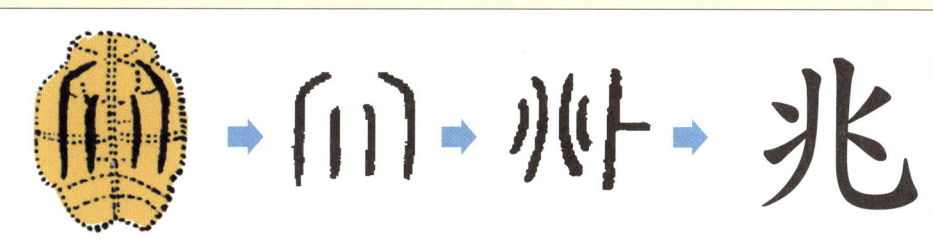

거북이의 등딱지가 갈라진 모양. 이를 보고 점을 친다는 데서 조짐이란 뜻으로도 쓰고, 이후 억의 만 배를 나타낼 때 이 글자를 빌려 썼다.

兆	兆	兆	兆	兆	兆	兆	兆	兆	兆	兆
조 조	조 조	조 조	조 조	조 조	조 조	조 조	조 조	조 조	조 조	조 조

億										
億										
兆										
兆										

수와 연산

Chapter 04

3학년 1학기 분수와 소수

分數 분수

왜 分數일까요?

분수는 전체에 대한 부분을 나타내는 수입니다.

→ | 나눈(分) | + | 수(數) | = | **分數** |

교과서 펼쳐 보기

① 어떤 부분이 전체의 얼마인지 나타내는 수를 (   )라 한다.
② $\frac{1}{2}, \frac{2}{3}, \frac{3}{4}$과 같은 수를 (   )라 한다.

> 8조각의 케이크 중 $\frac{3}{4}$이 초코 케이크, 나머지는 생크림 케이크라고 할 때, 초코 케이크는 몇 조각인지 구하시오.

'분수'란 무엇일까요?

전체에 대한 부분을 나타내는 수를 분수(分數)라고 합니다. 케이크를 여덟 조각으로 나누었을 때, 나눈 케이크 중 한 조각을 어떻게 나타낼 수 있을까요? 한 조각이라고 할 수도 있지만, $\frac{1}{8}$조각처럼 쓸 수도 있습니다. 이렇게 생긴 수들을 분수라 하고, 분수에서 가로선의 아래쪽에 있는 수를 분모, 위쪽에 있는 수를 분자라고 합니다. 분수는 모양에 따라 이름이 달라요. 분자가 분모보다 작은 분수는 진분수(眞分數), 분자가 분모와 같거나 분모보다 큰 분수를 가분수(假分數), $1\frac{1}{4}$과 같이 자연수와 진분수로 이루어진 분수는 대분수(帶分數)라고 합니다. 분자가 1인 분수는 단위분수라고 부르기도 해요.

한자 넓혀 보기

- 眞分數(진분수): 분자가 분모보다 작은 분수. 아이(子)가 어른(母)보다 작아서 참 진(眞)을 쓴다.
- 假分數(가분수): 분자가 분모보다 큰 분수. 아이(子)가 어른(母)보다 커서 거짓 가(假)를 쓴다.
- 帶分數(대분수): 자연수와 진분수의 합으로 이루어진 분수. 자연수가 이어져 있다고 해서 띠 대(帶)를 쓴다.

자형의 원리

부수: 刀(칼도) | 한자능력검정시험 6급 한자

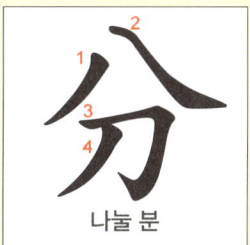 分 나눌 분

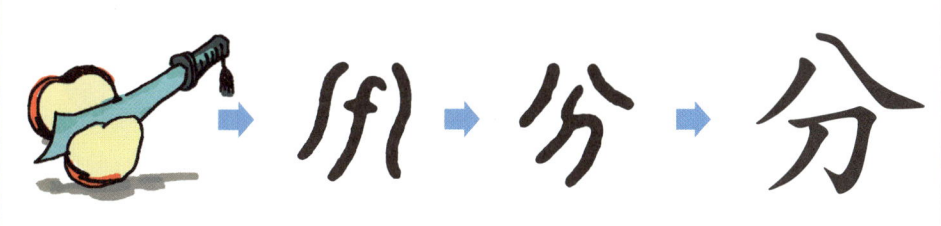

칼로 물건을 '나누다'는 뜻의 글자.

分 分 分 分 分 分 分 分 分 分 分
나눌 분

부수: 攵(등글월문) | 한자능력검정시험 7급 한자

 數 셈 수

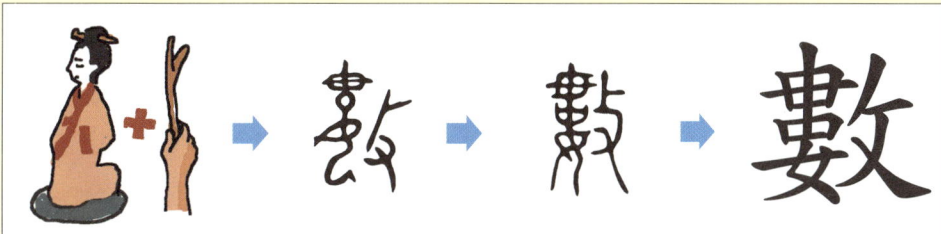

머리를 이중으로 틀어 올린 여자(婁)가 막대를 두드리며(攴) 셈을 한다는 데서 '셈하다'의 뜻을 나타낸 글자.

數 數 數 數 數 數 數 數 數 數 數
셈 수

分數
分數
分數
分數

수와 연산 **25**

Chapter 05

3학년 1학기 분수와 소수

小數 소수

왜 小數일까요?

1보다 작은 자릿값을 가진 수들을 소수라고 합니다.

→ 작은(小) + 수(數) = 小數

교과서 펼쳐 보기

① 1의 자리보다 낮은 자릿값을 가진 수를 (　　　)라 한다.
② 0.1, 0.2, 0.3과 같은 수를 (　　　)라 한다.

3.147의 각 자리 숫자와 자릿값을 빈칸에 알맞게 써넣으시오.

	일의 자리	小數(소수) 첫째 자리	小數(소수) 둘째 자리	小數(소수) 셋째 자리
숫자	3	1		
수	3	0.1		

'소수'란 무엇일까요?

소수(小數)는 1의 자리보다 낮은 자릿값을 가진 수들을 말해요. 소수점 '.'을 찍어 1 아래를 구분합니다. 0.1, 2.7, 3.14 같은 수들이 소수지요. 小數 첫째 자리는 $\frac{1}{10}$, 둘째 자리는 $\frac{1}{100}$, 셋째 자리는 $\frac{1}{1000}$로 값이 계속 작아집니다. 小數를 읽을 때는 소수점 위는 자릿값을 붙여 읽고, 소수점 아래는 숫자를 하나씩 차례대로 읽어요. '24.34'는 '이십사 점 삼사'로 읽는답니다. 소수는 끝이 있고 없음에 따라 유한소수(有限小數)와 무한소수(無限小數)로 나뉘어요.

한자 넓혀 보기

- 小數點(소수점): 소수를 나타낼 때, 1보다 작은 부분을 나타내기 위해 찍는 점.
- 有限小數(유한소수): 끝이 있는 소수.
- 無限小數(무한소수): 0.333333…처럼 끝이 없는 소수. 0.3같이 반복되는 숫자 위에 점을 찍어 표시한다.

자형의 원리

부수: 小(작을소) | 한자능력검정시험 8급 한자

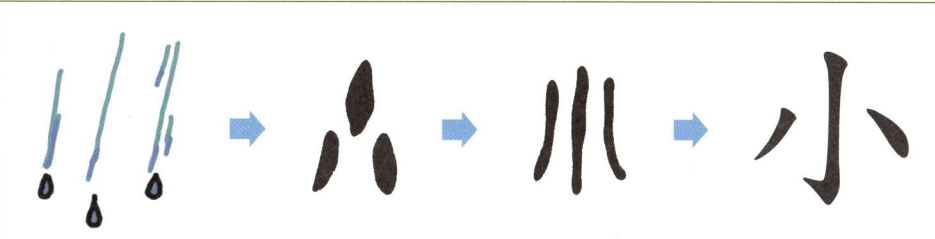

위에서 떨어지는 작은 빗방울 모양을 본뜬 글자로, '작다'의 뜻을 나타낸 글자.

小	小	小	小	小	小	小	小	小	小	小
작을 소	작을 소	작을 소	작을 소	작을 소	작을 소	작을 소	작을 소	작을 소	작을 소	작을 소

부수: 攵(등글월문) | 한자능력검정시험 7급 한자

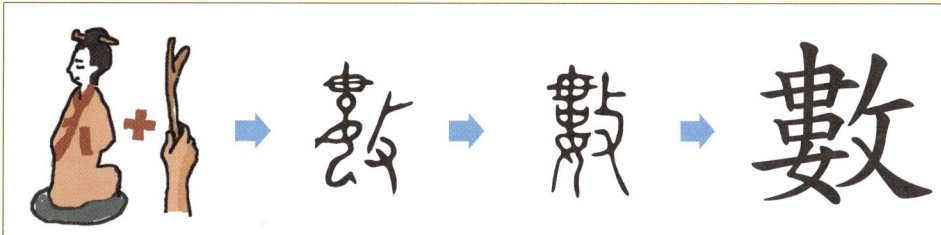

머리를 이중으로 틀어 올린 여자(婁)가 막대를 두드리며(攴) 셈을 한다는 데서 '셈하다'의 뜻을 나타낸 글자.

數	數	數	數	數	數	數	數	數	數	數
셈 수	셈 수	셈 수	셈 수	셈 수	셈 수	셈 수	셈 수	셈 수	셈 수	셈 수

小數

小數

小數

小數

수와 연산

Chapter 06

5학년 1학기 약수와 배수

約數와 公約數
약수와 공약수

왜 約數와 公約數일까요?

약수는 어떤 수를 나누어떨어지게 하는 수입니다. 둘 이상의 수에서 겹치는 약수는 공약수라 하지요.

→ 묶는(約) + 수(數) = **約數**

→ 공통으로(公) + 묶는(約) + 수(數) = **公約數**

교과서 펼쳐 보기

① 어떤 수를 나누어떨어지게 하는 수를 그 수의 (　　)라 한다.
② 두 수의 공통인 약수를 (　　)라고 한다.

> 6을 1, 2, 3, 4, 5, 6으로 나누어 보시오.
> 6을 나누어떨어지게 하는 수를 모두 구하시오.

'약수'와 '공약수'는 무엇일까요?

무언가를 공평하게 나누려면 남는 것 없이, 같은 개수만큼 나누어야겠지요. 약수(約數)는 어떤 수를 나누어떨어지게 하는 수입니다. 여러 개의 묶음을 만들기 때문에 '묶을 약'을 쓴답니다. 공약수(公約數)는 어떤 둘 이상의 수가 공통으로 가지는 約數에요. 수를 쪼개면 公約數를 알 수 있어요. 6과 9로 예를 들어볼까요? 6은 2×3, 9는 3×3으로 쪼갤 수 있지요. 쪼갠 수를 살펴보면 모두 3이 들어간다는 사실을 알 수 있어요. 이 3이 公約數가 된답니다.

자형의 원리

부수: 八(여덟팔) | 한자능력검정시험 6급 한자

공평할 공

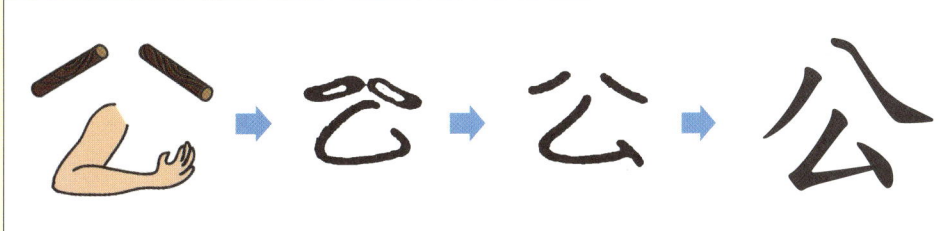

어떤 물건(厶)을 공평하게 나누는(八) 모습에서 '공평하다'를 뜻하는 글자.

公 公 公 公 公 公 公 公 公 公
공평할 공 (×10)

부수: 糸(실사변) | 한자능력검정시험 5급 한자

맺을 약

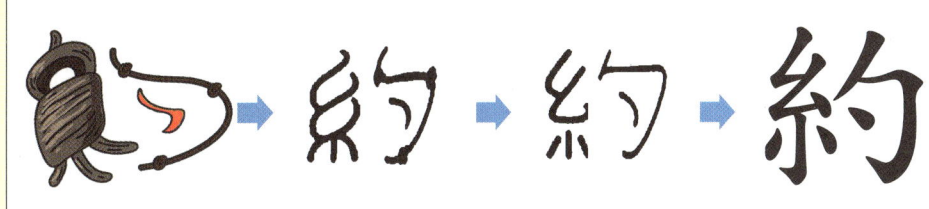

실(糸)을 묶는다고 해서 '맺다'를 뜻하는 글자.

約 約 約 約 約 約 約 約 約 約
맺을 약 (×10)

公約
公約
公約
公約

Chapter 07

5학년 1학기 약수와 배수

倍數와 公倍數
배수와 공배수

왜 倍數와 公倍數일까요?	배로 늘어난 수는 배수, 둘 이상의 수에서 겹치는 배수는 공배수입니다. → 몇 배가 된(倍) + 수(數) = **倍數** → 공통으로(公) + 곱한(倍) + 수(數) = **公倍數**
교과서 펼쳐 보기	① 어떤 수를 1배, 2배, 3배 … n배 한 수를 그 수의 (　　)라 한다. ② 두 수의 공통인 배수를 (　　)라고 한다. 다음 두 수의 倍數(배수)를 가장 작은 수부터 차례대로 쓰고, 겹치는 倍數(배수)를 고르시오. | 2 | | | | | | | 3 | | | | | |
'배수'와 '공배수'는 무엇일까요?	배수(倍數)는 말 그대로 '배로 늘어난 수'입니다. 공배수(公倍數)는 둘 이상의 수가 공통으로 가지는 倍數입니다. 4와 3으로 생각해 보아요. 4의 倍數는 4, 8, 12, 16, 20, 24 …로, 3의 倍數는 3, 6, 9, 12, 15, 18, 21, 24 …로 커집니다. 여기서 공통된 숫자가 보이나요? 12와 24가 있어요. 이렇게 쭉 늘어놓았을 때 겹치는 倍數들이 公倍數랍니다. 公倍數는 끝없이 커질 수 있어요.

자형의 원리

부수: 八(여덟팔) | 한자능력검정시험 6급 한자

공평할 공

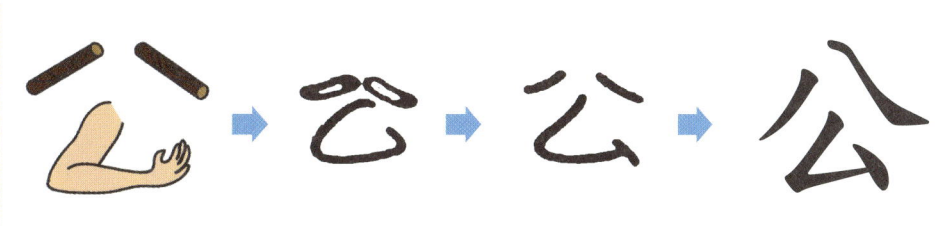

어떤 물건(厶)을 공평하게 나누는(八) 모습에서 '공평하다'를 뜻하는 글자.

부수: 亻(사람인변) | 한자능력검정시험 5급 한자

곱 배

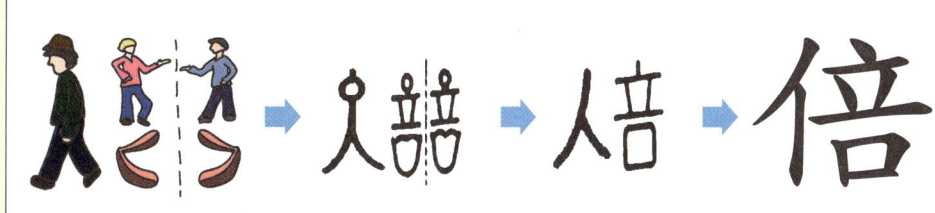

사람이 서로 등지는 모습을 나타낸 글자로, 나누어지면 개수가 더 늘어난다고 해서 '곱'을 뜻하는 글자.

Chapter 08

5학년 1학기 약수와 배수

最大公約數
최대공약수

왜 最大公約數일까요?

공약수 중 가장 큰 수를 최대공약수라 합니다.

→ 가장(最) + 큰(大) + 공약수(公約數) = **最大公約數**

교과서 펼쳐 보기

① 두 수의 공약수 중에서 가장 큰 수를 두 수의 (　　)라고 한다.
② 12와 18의 (　　)는 6이다.

24와 18의 約數(약수)를 구하시오. 公約數(공약수) 중 가장 큰 수에 표시하시오.							
24							
18							

'최대공약수'란 무엇일까요?

최대공약수(最大公約數)는 둘 이상의 수에서 가장 큰 공약수입니다. 약수는 왜 '최대'공약수를 구해야 할까요? 모든 수들의 최소공약수는 1이기 때문이에요. 구구단을 생각해보면 쉽게 알 수 있어요. 2×1은 2, 2×2는 4, 2×3은 6… 모두 1을 곱하며 시작하지요. 게다가 약수가 몇 개인지 모르는데 '세 번째로 큰 약수'같이 구하기도 어렵겠지요? 그래서 最大公約數를 구하게 되었답니다.

자형의 원리

부수: 日(가로왈) | 한자능력검정시험 5급 한자

 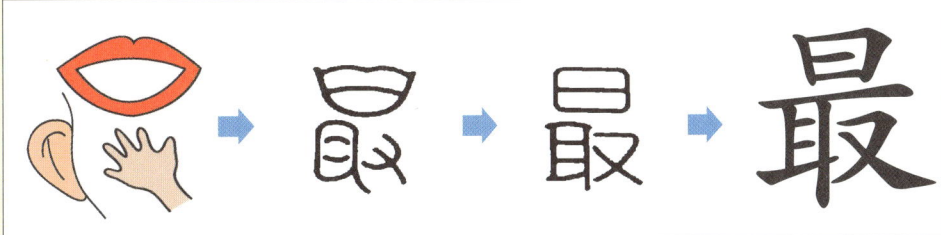

말로(日) 설득해 가지는(取) 방법이 가장 좋다고 하여 '가장 좋은 것'을 뜻하는 글자.

最	最	最	最	最	最	最	最	最	最	最
가장 최	가장 최	가장 최	가장 최	가장 최	가장 최	가장 최	가장 최	가장 최	가장 최	가장 최

부수: 大(큰대) | 한자능력검정시험 8급 한자

 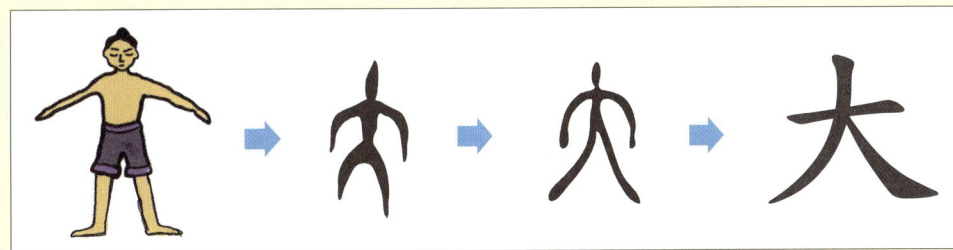

팔과 다리를 크게 벌리고 서 있는 데서 '크다'의 뜻을 나타낸 글자.

大	大	大	大	大	大	大	大	大	大	大
큰 대	큰 대	큰 대	큰 대	큰 대	큰 대	큰 대	큰 대	큰 대	큰 대	큰 대

最大公約數

最大公約數

最大公約數

最大公約數

Chapter 09

5학년 1학기 약수와 배수

最小公倍數
최소공배수

왜 最小公倍數일까요?

공배수 중 가장 작은 수를 최소공배수라 합니다.

→ 가장(最) + 작은(小) + 공배수(公倍數) = **最小公倍數**

교과서 펼쳐 보기

① 두 수의 공배수 중에서 가장 작은 수를 두 수의 (　　　)라고 한다.
② 3과 4의 (　　　)는 12다.

구구단에서 두 단을 골라 써 보시오. 公倍數(공배수) 중 가장 작은 수에 표시하시오.										

'최소공배수'란 무엇일까요?

최대공약수와는 다르게 공배수에서는 가장 작은 공배수, 즉 최소공배수(最小公倍數)를 구합니다. 더 큰 공배수를 구하고 싶을 때는 먼저 최소공배수를 구한 다음에 수를 더 곱해 주면 되지요. 배수는 끝없이 커지기 때문에 가장 큰 공배수는 아무도 셀 수 없어요. 그래서 最小公倍數를 구한답니다.

자형의 원리

부수: 曰(가로왈) | 한자능력검정시험 5급 한자

가장 최

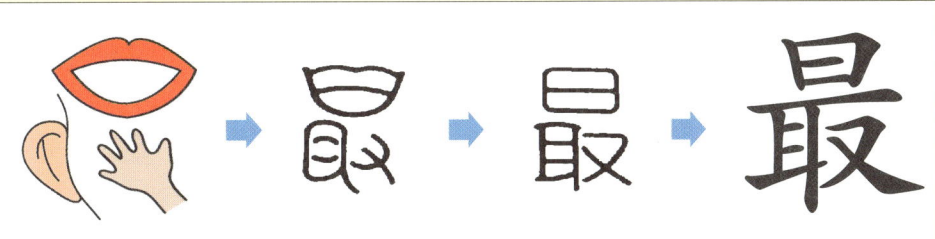

말로(曰) 설득해 가지는(取) 방법이 가장 좋다고 하여 '가장 좋은 것'을 뜻하는 글자.

最	最	最	最	最	最	最	最	最	最	最
가장 최	가장 최	가장 최	가장 최	가장 최	가장 최	가장 최	가장 최	가장 최	가장 최	가장 최

부수: 小(작을소) | 한자능력검정시험 8급 한자

작을 소

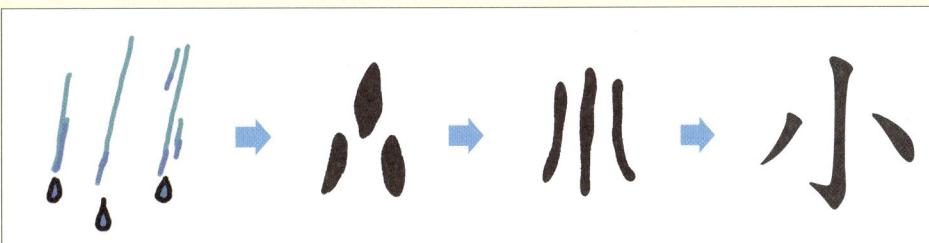

위에서 떨어지는 작은 빗방울 모양을 본뜬 글자로, '작다'의 뜻을 나타낸 글자.

小	小	小	小	小	小	小	小	小	小	小
작을 소	작을 소	작을 소	작을 소	작을 소	작을 소	작을 소	작을 소	작을 소	작을 소	작을 소

最小公倍數

最小公倍數

最小公倍數

最小公倍數

Chapter 10

約分과 通分
약분과 통분

5학년 1학기 약분과 통분

왜 約分과 通分일까요?

분모와 분자를 두 수의 공약수로 나누면 약분, 분모가 다른 분수를 분모가 같은 분수로 고치면 통분이라 합니다.

→ 공약수로(約) + 나누다(分) = 約分
→ 통하는(通) + 분모(分)를 만들다 = 通分

교과서 펼쳐 보기

① 분수의 분모와 분자를 그들의 공약수로 나누어 간단히 하는 것을 (　　)한다고 한다.
② 분수의 분모를 같게 하는 것을 (　　)한다고 한다.

다음 분수와 크기가 같은 분수를 모두 찾으시오.
〈보기〉 $\frac{12}{18}$ → ① $\frac{24}{36}$ ② $\frac{2}{3}$ ③ $\frac{2}{6}$ ④ $\frac{4}{6}$ ⑤ $\frac{7}{12}$

'약분'과 '통분'은 무엇일까요?

약분(約分)은 분모와 분자를 그 둘의 공약수로 나누는 것을 뜻합니다. 約分을 하면 분수의 크기는 그대로이지만 수를 좀 더 간단하게 나타낼 수 있어요. 최대공약수로 약분한 분수는 기약분수(旣約分數)가 됩니다. 한편, 통분(通分)은 분모가 다른 분수를 분모가 같은 분수로 고치는 것이랍니다. 通分을 할 때는 각 분모의 최소공배수가 분모가 되도록 분수를 고쳐줍니다. 이 분모를 공통분모(共通分母)라 해요. $\frac{2}{3}-\frac{1}{2}$의 식에서 3과 2의 최소공배수는 6이기 때문에 $\frac{2}{3}$는 $\frac{4}{6}$로, $\frac{1}{2}$은 $\frac{3}{6}$으로 고칠 수 있지요.

한자 넓혀 보기

■ 旣約分數(기약분수): '이미(旣) 약분된 분수'라는 뜻으로, 더이상 약분할 수 없는 분수.

자형의 원리

부수: 糸 (실사변) | 한자능력검정시험 5급 한자

맺을 약

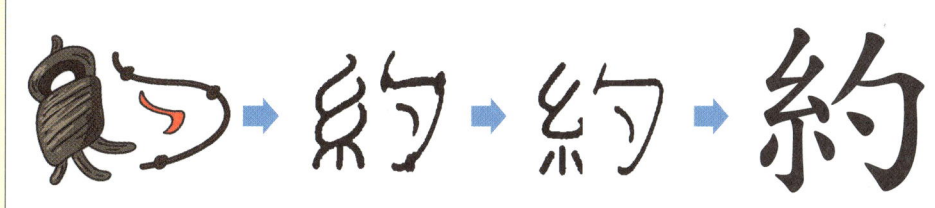

실(糸)을 묶는다고 해서 '맺다'를 뜻하는 글자.

約	約	約	約	約	約	約	約	約	約
맺을 약	맺을 약	맺을 약	맺을 약	맺을 약	맺을 약	맺을 약	맺을 약	맺을 약	맺을 약

부수: 辶 (책받침) | 한자능력검정시험 6급 한자

통할 통

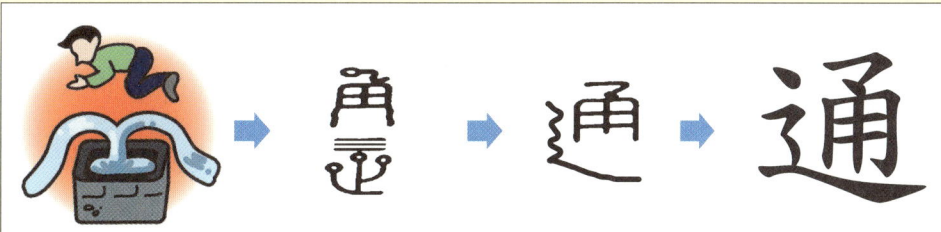

우물의 물이 흘러 바다까지 통한다 해서 '통하다'를 나타낸 글자.

通	通	通	通	通	通	通	通	通	通
통할 통	통할 통	통할 통	통할 통	통할 통	통할 통	통할 통	통할 통	통할 통	통할 통

約分

約分

通分

通分

PART 02

도형과 규칙

동그라미, 세모, 네모의 또 다른 이름은 무엇일까요? 원, 삼각형, 사각형이라고 합니다.
이런 모양들을 도형이라고 해요. 우리 주변에서는 다양한 도형을 찾아볼 수 있지요.
한편, 규칙은 우리가 지키기로 정한(規) 법칙(則)입니다.
도형을 여러 규칙에 따라 옮기면 멋진 무늬가 만들어지지요.
길 위의 보도블록에서부터 달력까지, 우리 주변의 다양한 규칙들을 찾아봅시다.

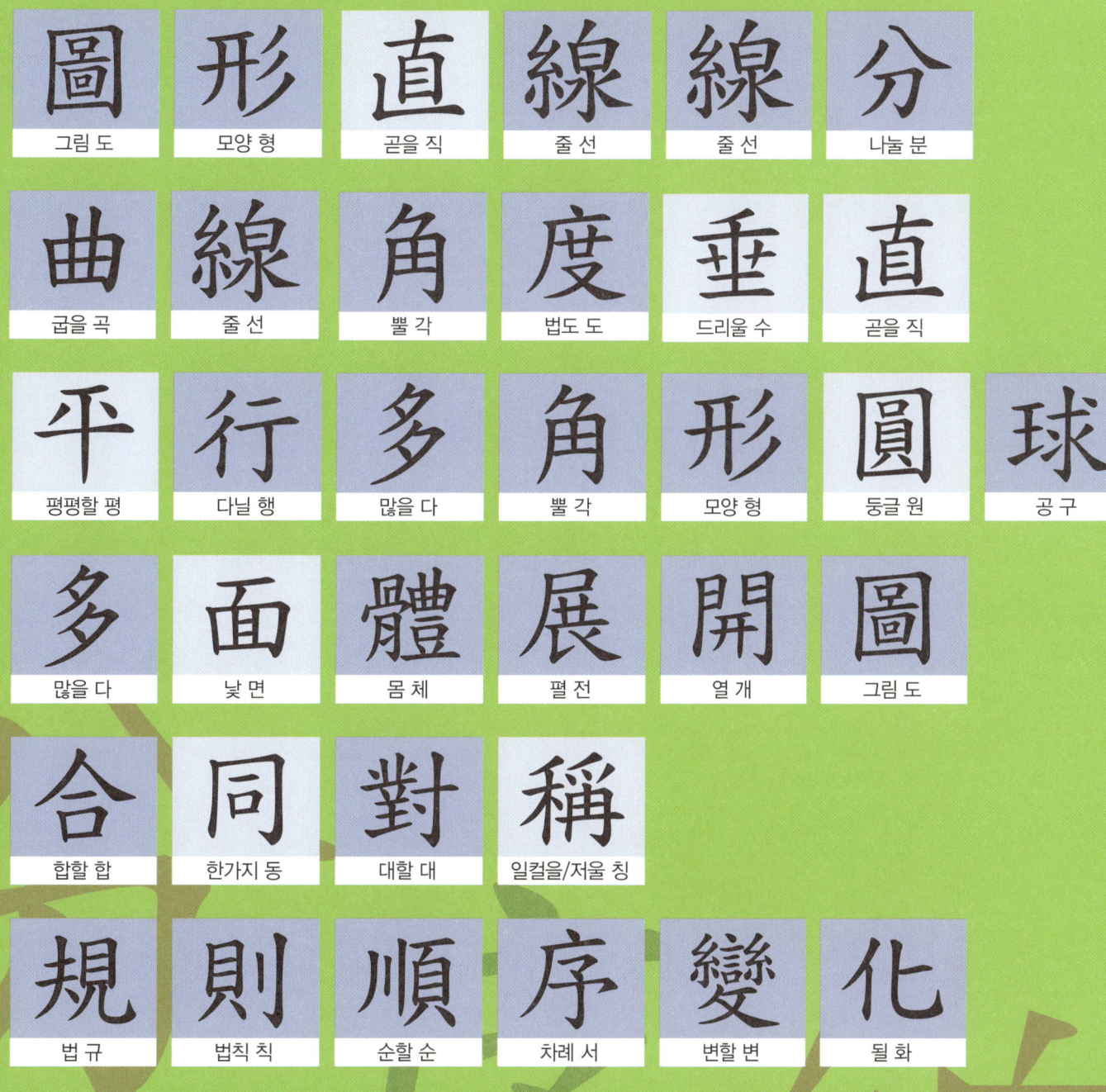

Chapter 01

2학년 1학기 여러 가지 도형

圖形 도형

왜 圖形일까요?

점, 선, 면으로 이루어진 모양을 도형이라 합니다.

→ 그림(圖)으로 나타낸 + 모양(形) = 圖形

교과서 펼쳐 보기

① 점, 선, 면으로 이루어진 모양들을 (　　)이라고 한다.
② 대표적인 (　　)에는 삼각형, 사각형, 원 등이 있다.

일상에서 여러 가지 圖形(도형)을 찾아보시오.	
이름	찾을 수 있는 圖形(도형)
공책	직사각형

'도형'이란 무엇일까요?

도형(圖形)은 점, 선, 면 등으로 이루어진 모양들이에요. 삼각형, 사각형, 원, 구 같은 것들이지요. 우리 주변에서도 다양한 圖形을 찾을 수 있어요. 동그란 바퀴, 네모난 창문, 길쭉한 아파트에도 모두 圖形이 숨겨져 있지요. 圖形은 삼각형(三角形), 사각형(四角形)과 같이 평평한 평면도형(平面圖形)과 구, 각기둥과 같이 부피가 있는 입체도형(立體圖形)으로 나뉩니다.

한자 넓혀 보기

- 三角形(삼각형): 3개의 선분으로 둘러싸인 도형.
- 平面圖形(평면도형): 평면에 그려진 도형.
- 立體圖形(입체도형): 삼차원 공간에서 부피를 가지는 도형.

자형의 원리

부수: 囗(큰입구몸) | 한자능력검정시험 6급 한자

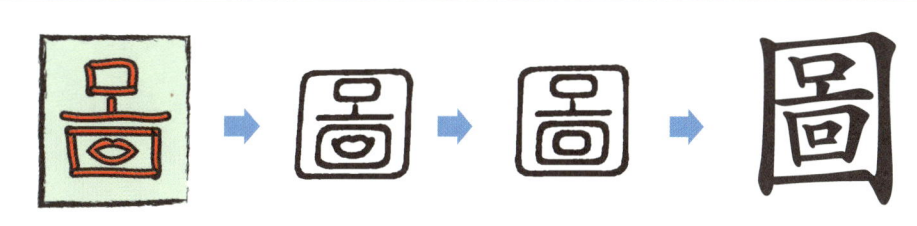

집과 울타리를 위에서 본 모습으로 마을을 그린 '지도' 혹은 그런 '그림'을 뜻하는 글자.

부수: 彡(터럭삼) | 한자능력검정시험 6급 한자

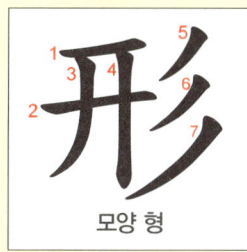

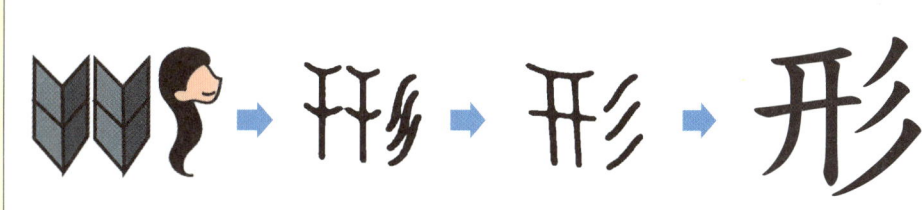

거울에 비친 여자의 얼굴에서 본따 '모양, 형상'을 뜻하는 한자.

Chapter 02

3학년 1학기 평면도형

直線과 線分
직선과 선분

왜 直線과 線分일까요?

양쪽으로 끝없이 늘어나는 곧은 선을 직선이라 부릅니다. 두 점 사이를 이은 직선은 선분이라 합니다.

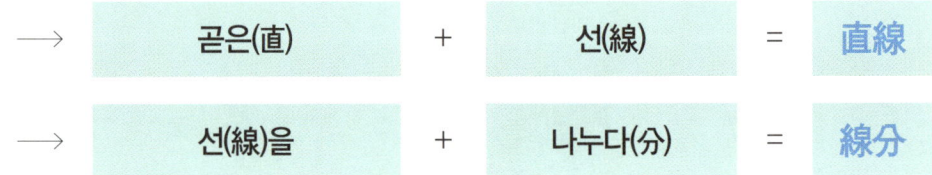

교과서 펼쳐 보기

① 두 점을 곧게 이은 선을 (　　)이라고 한다.
② 양쪽으로 끝없이 늘인 곧은 선을 (　　)이라고 한다.

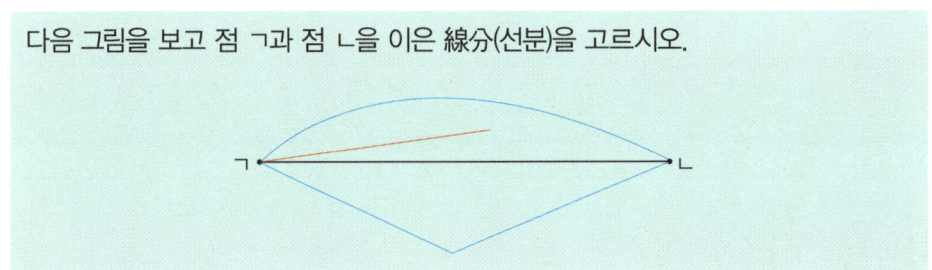

'직선'과 '선분'은 무엇일까요?

직선(直線)은 양쪽으로 끝없이 늘어나는 곧은 선이에요. 끊어지거나 휘어져서는 안 된답니다. 점 ㄱ과 점 ㄴ을 지나는 直線을 직선 ㄱㄴ 또는 직선 ㄴㄱ라고 합니다. 한편, 한 점에서 한쪽으로 끝없이 늘인 곧은 선은 반직선(半直線)이라고 해요. 선분(線分)은 직선에 점을 찍어 점과 점 사이를 이은 선이에요. 점 ㄱ과 점 ㄴ을 이은 선분을 선분 ㄱㄴ 또는 선분 ㄴㄱ라고 합니다. 直線, 半直線, 線分의 차이를 잘 기억해 두세요.

한자 넓혀 보기

- 半直線(반직선): 한 점에서 한쪽으로 끝없이 늘인 곧은 선. 점 ㄱ에서 시작하여 ㄴ을 지나면 반직선 ㄱㄴ, 점 ㄴ에서 시작하여 점 ㄱ을 지나면 반직선 ㄴㄱ라고 한다.

자형의 원리

부수: 目(눈목) | 한자능력검정시험 7급 한자

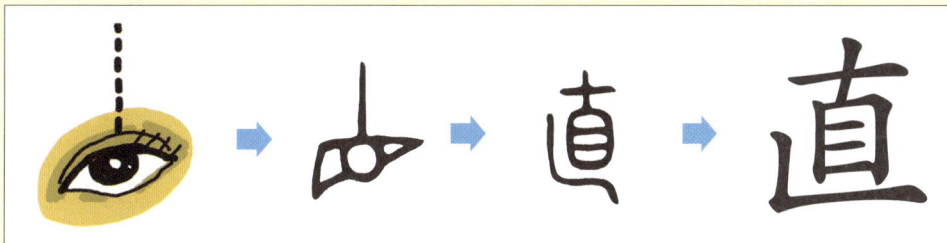

눈 위에 직선이 그어져 있는 모습으로, 시선이 똑바르다는 데서 '곧다'의 뜻을 나타낸 글자.

直 直 直 直 直 直 直 直 直 直 直
곧을 직

부수: 糸(실사변) | 한자능력검정시험 6급 한자

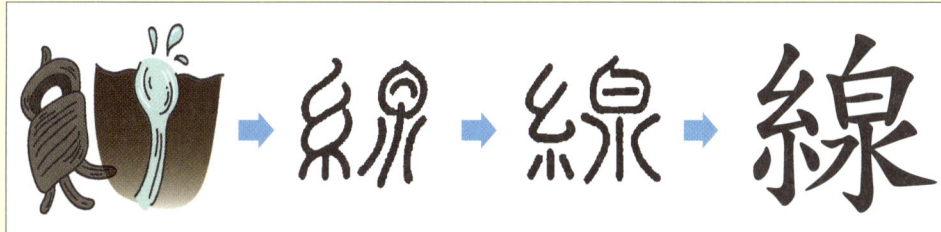

실(糸)과 개천(泉)이 합쳐진 글자로, 실처럼 가늘게 흘러내리는 물줄기라고 해서 '줄'을 뜻하는 글자.

線 線 線 線 線 線 線 線 線 線 線
줄 선

| 直線 |
| 直線 |
| 線分 |
| 線分 |

도형과 규칙

Chapter 03

曲線 곡선

3학년 1학기 평면도형

왜 曲線일까요?

두 점 사이를 잇는 굽어진 선은 곡선이라 합니다.

→ 굽은(曲) + 선(線) = 曲線

교과서 펼쳐 보기

① 구부러진 선을 ( )이라고 한다.
② 굽이굽이 흐르는 강, 멀리 보이는 산의 모습에서 ( )을 찾아볼 수 있다.

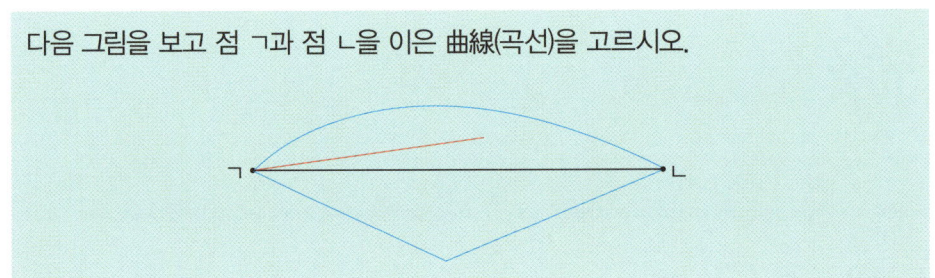

다음 그림을 보고 점 ㄱ과 점 ㄴ을 이은 曲線(곡선)을 고르시오.

'곡선'이란 무엇일까요?

곡선(曲線)은 두 점을 이은 선 중 구부러진 선이에요. 曲線도 직선처럼 평면도형이랍니다. 굽이굽이 흐르는 강이나 봉긋 솟아오른 언덕을 본 적이 있지요? 우리 몸도 각진 곳보다는 둥그스름한 곳이 더 많아요. 이렇게 자연에서는 직선보다 曲線을 더 많이 찾아볼 수 있답니다.

자형의 원리

부수: 曰(가로왈) | 한자능력검정시험 5급 한자

 굽을 곡

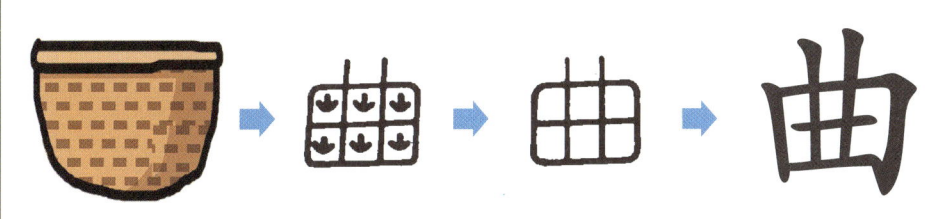

동그랗게 짠 바구니의 모습을 본따 '굽다'를 뜻하는 글자.

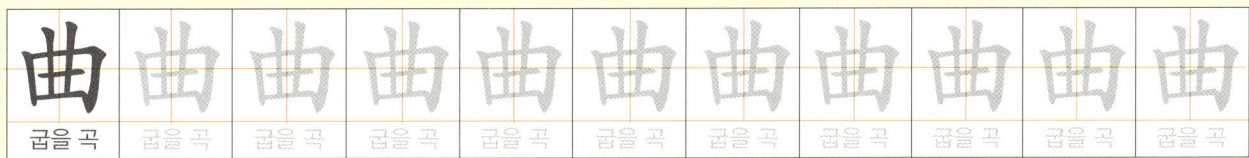

부수: 糸 (실사변) | 한자능력검정시험 6급 한자

 줄 선

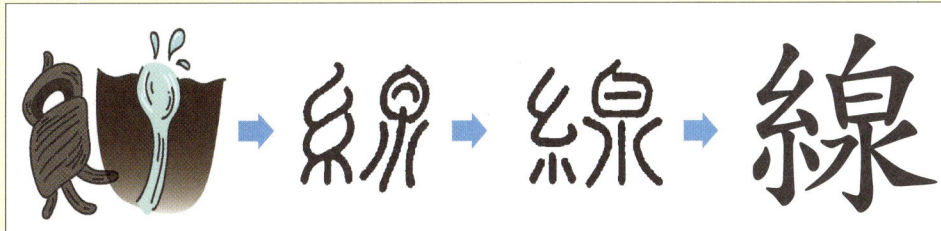

실(糸)과 개천(泉)이 합쳐진 글자로, 실처럼 가늘게 흘러내리는 물줄기라고 해서 '줄'을 뜻하는 글자.

線	線	線	線	線	線	線	線	線	線
줄선	줄선	줄선	줄선	줄선	줄선	줄선	줄선	줄선	줄선

曲線
曲線
曲線
曲線

도형과 규칙

Chapter 04

3학년 1학기 평면도형

角과 角度 각과 각도

왜 角과 角度일까요?

뾰족한 모서리를 각, 각의 크기를 각도라 합니다.

→ | 뿔(角)처럼 뾰족하다 | = | 角 |

→ | 각(角)이 | + | 벌어진 정도(度) | = | 角度 |

교과서 펼쳐 보기

① 한 점에서 그은 두 반직선으로 이루어진 도형을 (   )이라고 한다.
② 각의 크기는 (   )라고 한다. (   )의 단위는 도(°)이다.

> 다음 각 ㄱㄴㄷ을 보고 틀린 말을 하는 사람을 고르시오.
> 현진: 각 ㄱㄴㄷ은 각 ㄷㄴㄱ이라고도 할 수 있어.
> 해영: 각 변의 길이를 잴 수 있을 거야.
> 동수: 꼭짓점의 표시를 보니 직각인가 봐.

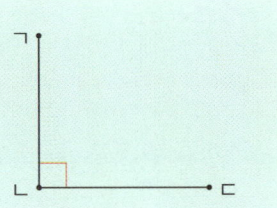

'각'과 '각도'는 무엇일까요?

한 점에서 반직선 두 개가 뻗어나와 뿔처럼 뾰족한 모서리를 만들었습니다. 이 모서리를 각(角)이라고 해요. 이때 이 점을 꼭짓점이라 하고, 반직선들은 변이라고 합니다. 角은 각도(角度)에 따라 직각(直角), 예각(銳角), 둔각(鈍角)으로 나눌 수 있어요. 책의 모서리같이 생긴 角은 직각, 그보다 작은 角은 예각, 직각 하나보다 크고 직각 두 개를 합친 것보다 작은 角은 둔각이라고 합니다.

한자 넓혀 보기

- 直角(직각): 각도가 90°인 각.
- 銳角(예각): 직각보다 작은 각. 모양이 뾰족해서 날카로울 예(銳)를 쓴다.
- 鈍角(둔각): 90°보다 크고 180°보다 작은 각. 무딜 둔(鈍)을 쓴다.

수학 시간에 한자 쓰기

자형의 원리

부수: 角(뿔각) | 한자능력검정시험 6급 한자

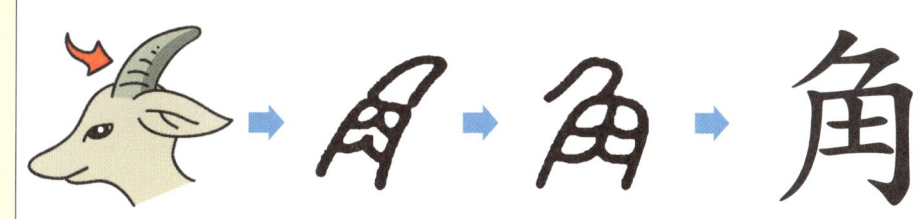

짐승 머리 위에 솟은 뿔을 뜻하는 글자.

부수: 广(엄호) | 한자능력검정시험 6급 한자

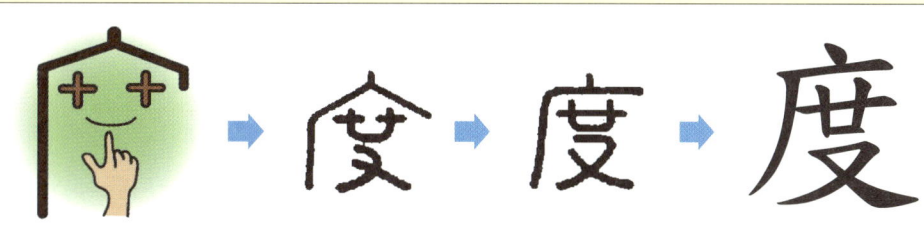

한 지붕(广) 밑에서 많은 사람들이 손(又)을 모아 만든 기준, 즉 '법도'를 뜻하는 글자.

Chapter 05

4학년 2학기 수직과 평행

垂直 수직

왜 垂直일까요?

선과 선, 면과 면, 또는 선과 면이 직각으로 만나는 것을 수직이라 합니다.

→ 드리운 모습이(垂) + 곧다(直) = 垂直

교과서 펼쳐 보기

① 두 직선이 만나서 이루는 각이 직각일 때, 두 직선은 서로 (　　)이다.
② 서로 (　　)인 두 직선 중에서 한 직선을 다른 직선에 대한 수선이라 한다.

우리 주변에서 垂線(수선)을 찾아 써 보시오.

'수직'이란 무엇일까요?

수직(垂直)은 선과 선, 면과 면, 또는 선과 면이 직각으로 만나는 것을 말합니다. 높은 건물이 많은 도시에서는 垂直을 쉽게 찾아볼 수 있어요. 높은 건물을 지을 때는 항상 垂直을 맞추어 짓는답니다. 건물이 기울어지면 무너져 버릴 수 있기 때문이지요. 두 직선이 서로 垂直으로 만났을 때 한 직선을 다른 직선에 대한 수선(垂線)이라고 부른답니다.

한자 넓혀 보기

- 垂線(수선): 어떤 직선이나 평면과 직각을 이루는 직선.

자형의 원리

부수: 土(흙토) | 한자능력검정시험 3급 한자

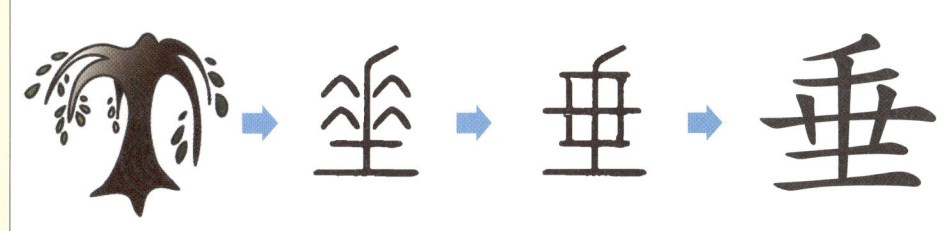

가지가 이리저리 뻗친 나무의 잎이 늘어진 모양을 본떠 '드리우다'를 뜻하는 글자.

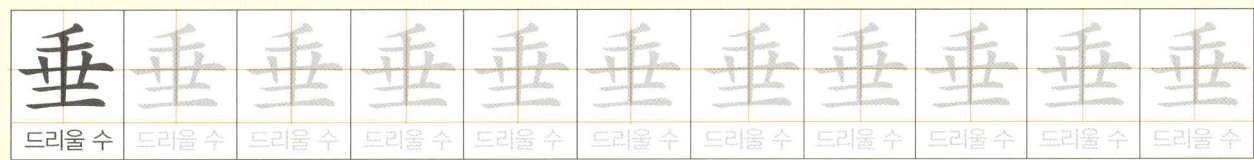

부수: 目(눈목) | 한자능력검정시험 7급 한자

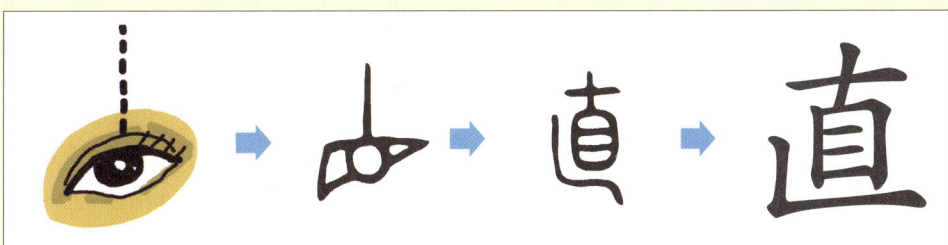

눈 위에 직선이 그어져 있는 모습으로, 시선이 똑바르다는 데서 '곧다'의 뜻을 나타낸 글자.

Chapter 06

4학년 2학기 수직과 평행

平行 평행

| 왜 平行일까요? | 두 선 또는 두 면이 나란히 지나는 것을 평행이라 합니다. |

→ 기울지 않고(平) + 나아가다(行) = 平行

| 교과서 펼쳐 보기 | ① 서로 만나지 않는 두 직선을 (　　)하다고 한다.
 ② 서로 (　　)한 두 직선을 평행선이라고 한다. |

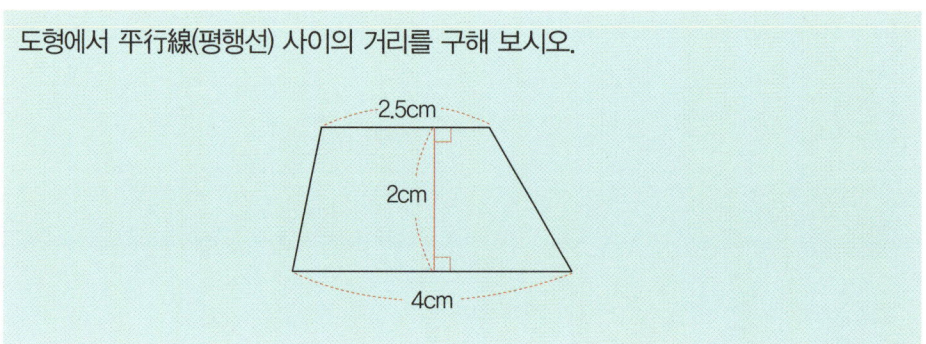

도형에서 平行線(평행선) 사이의 거리를 구해 보시오.
2.5cm
2cm
4cm

| '평행'이란 무엇일까요? | 한 직선에 수직인 두 직선을 그었을 때, 그 두 직선은 서로 만나지 않습니다. 이를 평행(平行)이라고 합니다. 곧게 뻗은 기찻길을 생각해보세요. 기찻길이 아무리 길어도 두 레일은 만나지 않습니다. 平行은 이렇게 두 선 또는 두 면이 나란히 지나는 것을 말합니다. 平行인 선이나 면은 언제나 같은 거리를 유지하지요. |

자형의 원리

부수: 干(방패간) | 한자능력검정시험 7급 한자

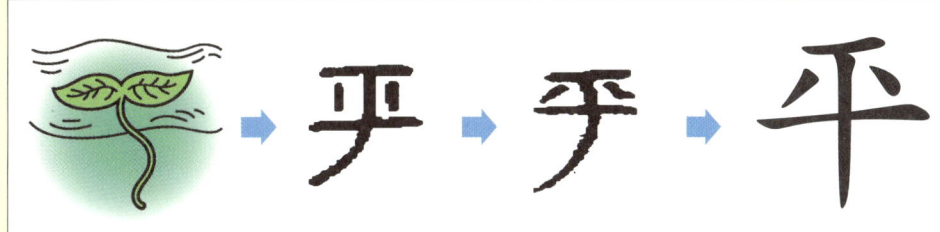

물에 평평하게 뜬 물풀을 본뜬 글자로 '고르다, 평평하다'를 뜻하는 글자.

부수: 行(다닐행) | 한자능력검정시험 6급 한자

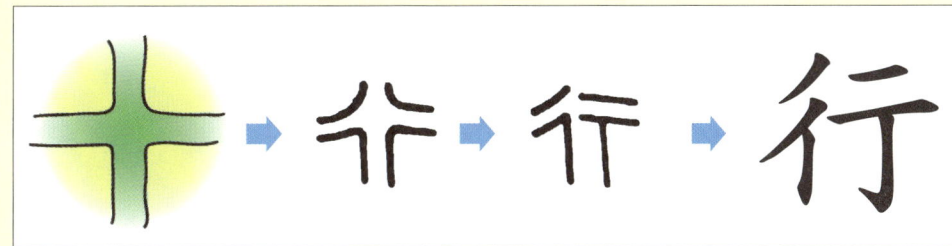

사거리의 모습을 그대로 옮긴 글자로, 길을 통해 어디론가 간다는 뜻에서 '다니다'를 뜻하는 글자.

平行
平行
平行
平行

도형과 규칙

Chapter 07

4학년 2학기 다각형

多角形 다각형

왜 多角形일까요?

3개 이상의 선분으로 둘러싸인 도형을 다각형이라 합니다.

→ 여러(多) + 각이 있는(角) + 도형(形) = **多角形**

교과서 펼쳐 보기

① 선분으로만 둘러싸인 도형을 (　　)이라 한다.
② (　　)의 이웃하지 않은 두 꼭짓점을 이은 선분을 대각선이라고 한다.

> 보기를 보고 가장 알맞은 **多角形**(다각형)의 이름을 쓰시오.
>
> 〈보기〉 마름모　직사각형　평행사변형　사다리꼴
>
> - 마주 보는 한 쌍의 변이 서로 평행한 사각형을 (　　　)이라 한다.
> - 마주 보는 두 쌍의 변이 서로 평행한 사각형을 (　　　)이라 한다.
> - 네 변의 길이가 모두 같은 사각형을 (　　　)라 한다.
> - 네 각이 모두 직각인 사각형을 (　　　)이라 한다.

'다각형'이란 무엇일까요?

다각형(多角形)은 선분으로만 둘러싸인 도형입니다. 변의 수에 따라 삼각형, 사각형, 오각형 등으로, 모양에 따라 이등변삼각형(二等邊三角形), 직사각형, 평행사변형(平行四邊形), 마름모 등으로 부르지요. 변의 길이가 모두 같고 각의 크기가 모두 같은 多角形을 정다각형(正多角形)이라고 합니다. 곡선이 있거나, 선이 닫히지 않았으면 多角形이라고 부를 수 없어요. 다각형의 모서리를 이은 선은 대각선(對角線)이라고 합니다.

한자 넓혀 보기

- 二等邊三角形(이등변삼각형): 두 변의 길이가 같은 삼각형.
- 平行四邊形(평행사변형): 서로 마주 대하는 두 쌍의 변이 각기 평행인 사변형.
- 對角線(대각선): 다각형에서 서로 이웃하지 않는 두 꼭짓점을 이은 직선.

자형의 원리

부수: 夕(저녁석) | 한자능력검정시험 6급 한자

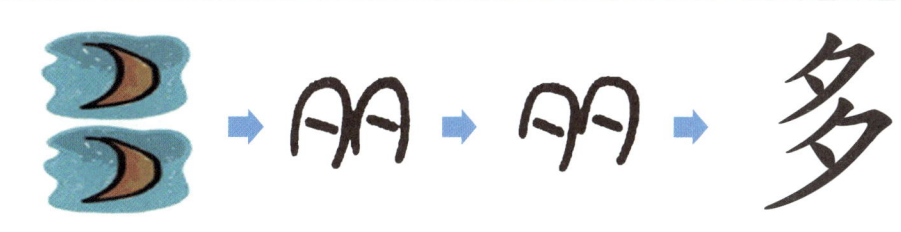

저녁에 또 저녁이 합쳐진 글자. 여러 날이 지났다고 해서 '많다'를 뜻하는 글자.

부수: 角(뿔각) | 한자능력검정시험 6급 한자

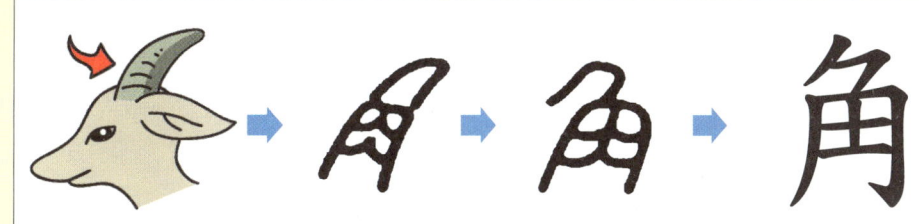

짐승 머리 위에 솟은 뿔을 뜻하는 글자.

多角形
多角形
多角形
多角形

도형과 규칙

3학년 2학기 원, 6학년 2학기 원기둥, 원뿔, 구

왜 圓과 球일까요?

동그란 평면도형은 원, 공 모양의 입체도형은 구라고 부릅니다.

→ | 동그라미(圓) | = | 圓 |
→ | 공(球) | = | 球 |

교과서 펼쳐 보기

① 한 점에서 같은 거리에 있는 점들로 이루어진 도형을 (　　)이라고 한다.
② 공 모양의 도형을 (　　)라고 한다.

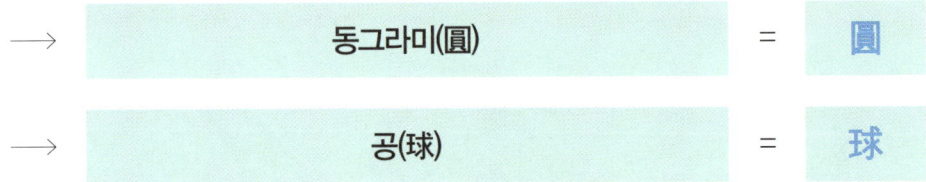

다음 설명을 보고 원주율에 대해 생각해 보시오.
- 지름에 대한 圓(원)의 둘레(원주)의 비의 값을 원주율이라고 한다. 원주율은 圓(원)의 크기에 상관없이 항상 일정하다.
- (원주율)=(원주)÷(지름) = 3.14159265358979…
- 원주율은 끝이 없다. 원주율을 어느 정도로 어림해야 계산하기 쉬우면서도 실제에 가까운 값을 구할 수 있을까?

'원'과 '구'는 무엇일까요?

원(圓)은 한 점에서 같은 거리에 있는 점들로 이루어진 도형입니다. 圓의 가장 안쪽에 있는 점을 원의 중심(圓의 中心)이라 하고, 중심과 圓 위의 한 점을 이은 선분을 반지름이라고 합니다. 圓 위의 두 점과 중심, 세 점을 동시에 지나는 선분은 지름이라고 합니다. 원주율과 반지름을 알면 圓의 넓이를 구할 수 있지요(반지름×반지름×원주율). 한편, 구(球)는 공 모양의 입체도형입니다. 球에도 지름과 반지름이 있어요.

자형의 원리

부수: 囗(큰입구몸)   한자능력검정시험 4급 한자

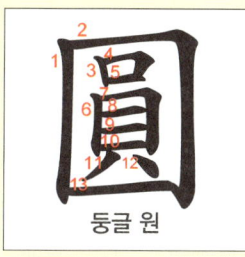
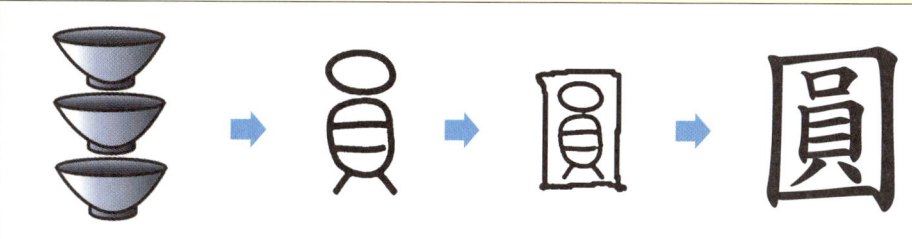

員은 둥근 그릇을 포개어 놓은 글자로, 여기에 둥근 테두리를 더해 '둥글다'는 뜻을 나타낸 글자.

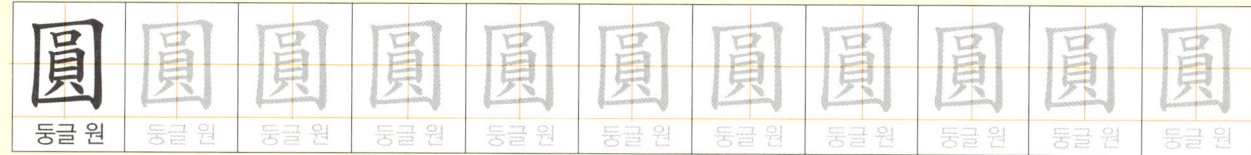

부수: 王(구슬옥변)   한자능력검정시험 6급 한자

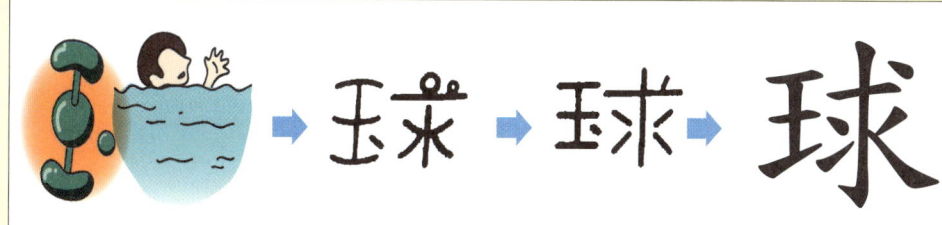

옥돌(玉)을 구해(求) 둥글게 깎아 만든 '공/구슬'을 뜻하는 한자.

Chapter 09

3학년 1학기 평면도형

多面體 다면체

왜 多面體일까요?

면으로 둘러싸인 입체도형을 다면체라 부릅니다.

→ 여러(多) + 면의(面) + 입체(體) = 多面體

교과서 펼쳐 보기

① 다각형의 면으로 둘러싸인 입체도형을 (　　)라 한다.
② 직육면체는 직사각형 여섯 개로 둘러싸인 (　　)다.

> 직육면체에 대하여 바르게 이야기한 사람을 고르시오.
> 지영: 하나, 둘, 셋… 직육면체의 모서리는 모두 아홉 개야.
> 현수: 직사각형으로 둘러싸여 있네.
> 정민: 사각형 6개로 둘러싸인 도형이라면 모두 직육면체가 될 수 있어.

'다면체'란 무엇일까요?

다면체(多面體)는 다각형의 면으로 둘러싸인 입체도형(立體圖形)이에요. 면의 모양에 따라 이름이 달라지지요. 직사각형 모양의 면 6개로 둘러싸인 도형을 직육면체(直六面體), 정사각형 모양의 면 6개로 둘러싸인 도형을 정육면체(正六面體)라고 합니다. 쌓기나무를 생각하면 쉬워요. 多面體에서는 선분으로 둘러싸인 부분을 면, 면과 면이 만나는 부분을 모서리, 모서리와 모서리가 만나는 점을 꼭짓점이라고 합니다. 원뿔, 원기둥, 구처럼 곡면으로 이루어진 입체도형들은 多面體라고 할 수 없어요.

한자 넓혀 보기

- 立體圖形(입체도형): 길이와 폭, 두께가 있는 3차원의 도형.
- 正多面體(정다면체): 면이 모두 합동인 정다각형으로 되어 있는 다면체.
- 直六面體(직육면체): 각 면이 모두 직사각형이고, 마주보는 면이 서로 평행한 육면체.

자형의 원리

부수: 面(낯면) | 한자능력검정시험 7급 한자

낯 면

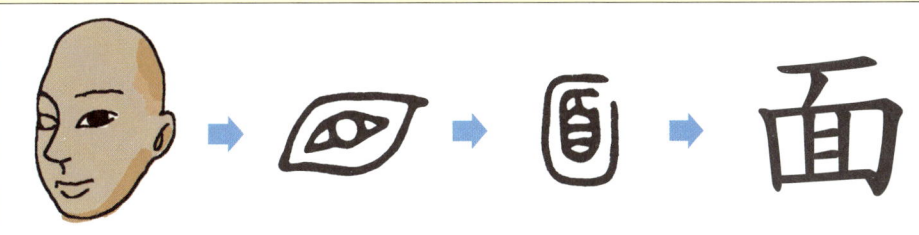

얼굴에서 가장 중요한 눈(目)을 두드러지게 한 후에 얼굴의 윤곽을 나타내는 □를 덧붙여 '얼굴(낯)'의 뜻을 나타낸 글자.

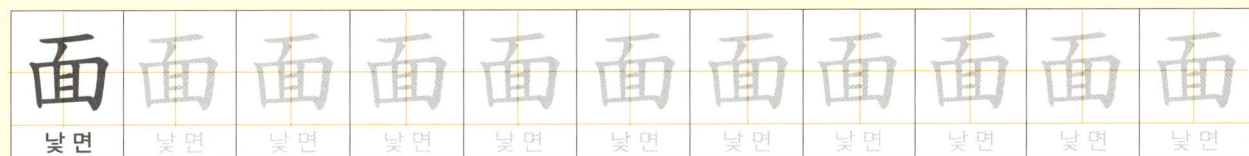

부수: 骨(뼈골) | 한자능력검정시험 6급 한자

몸 체

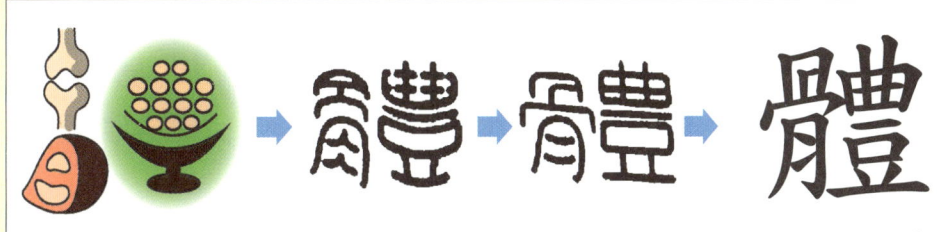

뼈 골(骨)과 풍성할 풍(豊)이 더해져, 뼈가 많은 사람의 '몸'을 나타낸 글자.

| 體 | 體 | 體 | 體 | 體 | 體 | 體 | 體 | 體 | 體 | 體 |
| 몸 체 | 몸 체 | 몸 체 | 몸 체 | 몸 체 | 몸 체 | 몸 체 | 몸 체 | 몸 체 | 몸 체 | 몸 체 |

多 面 體

多 面 體

多 面 體

多 面 體

Chapter 10

5학년 1학기 직육면체

展開圖 전개도

왜
展開圖일까요?

입체도형을 평평하게 펼친 그림을 전개도라 합니다.

→ 펼쳐서(展) + 연(開) + 그림(圖) = 展開圖

교과서
펼쳐 보기

① 직육면체의 보이는 모서리는 실선으로, 보이지 않는 모서리는 점선으로 그린 그림을 직육면체의 (　　)라고 한다.
② 직육면체의 모서리를 잘라서 펼쳐 놓은 그림을 직육면체의 (　　)라고 한다.

다음 주사위 展開圖(전개도)를 보고, 각 면에 알맞은 눈을 그려 넣으시오(주사위에서 서로 평행한 두 면의 눈의 수의 합은 7이다).

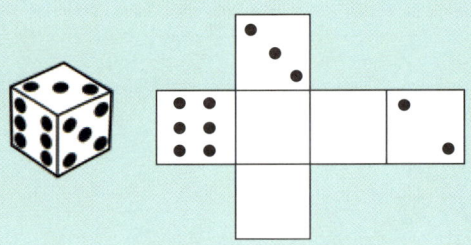

'전개도'란
무엇일까요?

입체도형을 평면에 어떻게 나타낼 수 있을까요? 평평하게 펼쳐서 보여줄 수도 있고, 보이지 않는 뒷면까지 그려서 입체도형임을 나타낼 수도 있어요. 이때 펼친 그림은 전개도(展開圖)라고 합니다. 잘리지 않은 모서리는 점선, 잘린 모서리는 실선으로 그려요. 展開圖를 잘라서 접으면 입체도형이 만들어집니다. 도형을 펼치지 않고 그린 그림은 겨냥도라고 해요. 이때 보이는 모서리는 실선으로, 보이지 않는 모서리는 점선으로 나타냅니다.

자형의 원리

부수: 尸(주검시엄) | 한자능력검정시험 5급 한자

 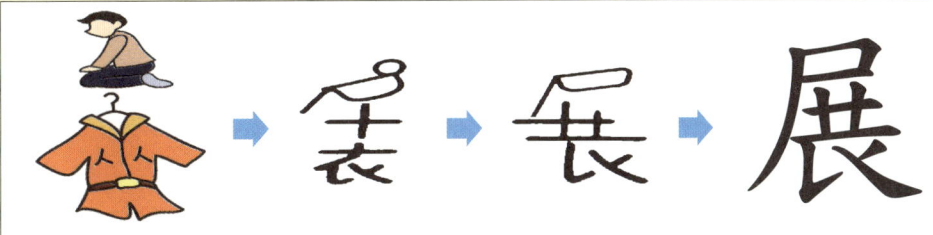

펼 전

지붕(尸) 아래서 옷(衣)을 펼쳐 놓는다(丑)고 해서 '펴다'를 뜻하는 한자.

展	展	展	展	展	展	展	展	展	展	展
펼전	펼전	펼전	펼전	펼전	펼전	펼전	펼전	펼전	펼전	펼전

부수: 門(문문) | 한자능력검정시험 6급 한자

 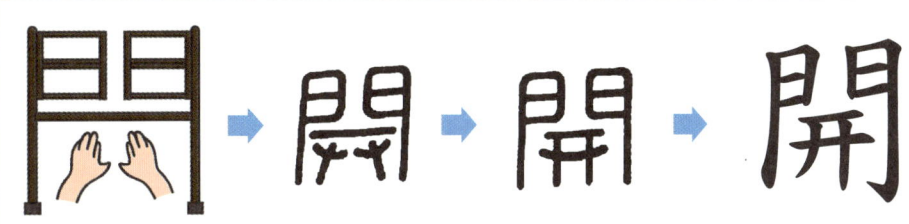

열 개

빗장을 두 손으로 들어 올려(开) 문(門)을 여는 모습의 한자.

開	開	開	開	開	開	開	開	開	開	開
열개	열개	열개	열개	열개	열개	열개	열개	열개	열개	열개

展	開	圖								
展	開	圖								
展	開	圖								
展	開	圖								

Chapter 11

5학년 2학기 합동과 대칭

合同 합동

왜 合同일까요?

어떤 두 도형의 모양과 크기가 완전히 같을 때 둘은 합동이라고 합니다.

→ 합쳐도(合) + 같다(同) = 合同

교과서 펼쳐 보기

① 모양과 크기가 같아서 완전히 겹쳐지는 두 도형을 서로 (　　)이라고 한다.
② 모양이 같지만 크기가 다른 두 도형은 서로 '닮음'이라고 한다.

다음 도형과 合同(합동)인 도형을 찾아보시오.
〈보기〉

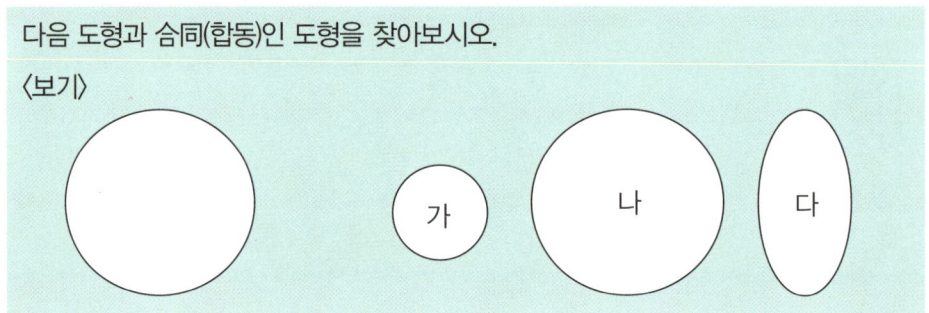

'합동'이란 무엇일까요?

합동(合同)은 모양과 크기가 완전히 같은 것을 말합니다. 합동인 두 도형은 서로 포개 었을 때 꼭 들어맞지요. 모양이 같지만 크기가 다르면 '닮음'이라고 합니다. 젓가락 한 쌍, 신발 한 켤레처럼 한 쌍인 물건들은 많지만 완벽하게 합동인 물건을 찾기는 어려워 요. 서로 합동인 두 도형에서 완전히 포개었을 때 겹쳐지는 점, 변, 각을 각각 대응 점(對應點), 대응변(對應邊), 대응각(對應角)이라고 부른답니다.

한자 넓혀 보기

- 對應點(대응점): 합동 또는 닮은꼴인 다각형에서 서로 짝지어진 두 점.
- 對應邊(대응변): 합동 또는 닮은꼴인 다각형에서 서로 짝지어진 두 변.
- 對應角(대응각): 합동 또는 닮은꼴인 다각형에서 서로 짝지어진 두 각.

자형의 원리

부수: 口(입구)　　한자능력검정시험 6급 한자

합할 합

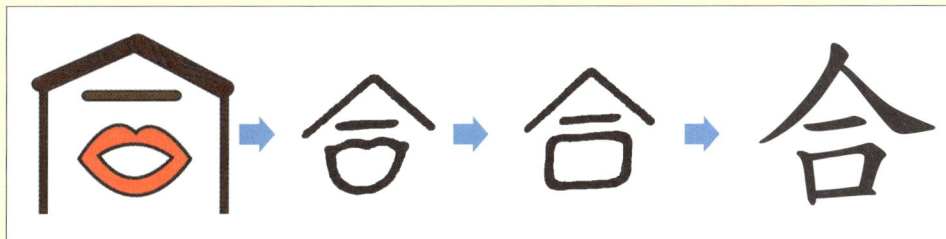

집 안에서 목소리를 하나로 모은다는 데서 '합하다'를 뜻하는 글자.

合	合	合	合	合	合	合	合	合	合	合
합할 합	합할 합	합할 합	합할 합	합할 합	합할 합	합할 합	합할 합	합할 합	합할 합	합할 합

부수: 口(입구)　　한자능력검정시험 7급 한자

한가지 동

모든(凡) 사람들이 입(口)으로 똑같이 말한다는 데서 '한가지, 같다'는 뜻을 나타낸 글자.

同	同	同	同	同	同	同	同	同	同	同
한가지 동	한가지 동	한가지 동	한가지 동	한가지 동	한가지 동	한가지 동	한가지 동	한가지 동	한가지 동	한가지 동

合	同									
合	同									
合	同									
合	同									

Chapter 12

對稱 대칭

5학년 2학기 합동과 대칭

왜 對稱일까요?

한 점이나 한 선, 또는 한 면을 사이에 두고 똑같은 모양이 있다면 둘은 대칭이라고 합니다.

→ 마주보는(對) + 저울(稱) = 對稱

교과서 펼쳐 보기

① 한 점이나 한 선, 또는 한 면을 사이에 두고 똑같은 도형이 마주보고 있을 때 두 도형은 서로 (　　)이다.

② 종이의 한쪽에 물감을 짜고 반으로 접었다 펴는 데칼코마니는 (　　)을 이용한 미술이다.

> 주변에서 對稱(대칭) 관계에 있는 사물들을 찾고, 對稱(대칭)의 기준이 되는 점, 선, 면을 표시해 보시오.

'대칭'이란 무엇일까요?

거울에 비친 모습을 보세요. 거울을 사이에 두고 더 크지도, 더 작지도 않은 꼭 같은 모습이 비쳐요. 이런 관계를 대칭(對稱)이라고 합니다. 한 점이나 한 선, 또는 한 면을 사이에 두고 똑같은 도형이 마주보고 있을 때 '對稱인 두 도형'이라고 해요. 한 직선(대칭축/對稱軸)을 따라 접어서 완전히 겹쳐지는 도형은 선대칭도형(線對稱圖形), 어떤 점(대칭의 중심/對稱의 中心)을 중심으로 180도 돌렸을 때 처음 도형과 완전히 겹쳐진다면 점대칭도형(點對稱圖形)이랍니다.

한자 넓혀 보기

- 線對稱圖形(선대칭도형): 한 직선을 중심으로 대칭시켰을 때 합동인 도형.
- 點對稱圖形(점대칭도형): 한 점을 중심으로 180° 회전했을 때, 본래 도형에 합동인 도형.
- 對稱軸(대칭축): 선대칭에서 대칭의 중심이 되는 직선.

자형의 원리

부수: 寸(마디 촌) | 한자능력검정시험 6급 한자

대할 대

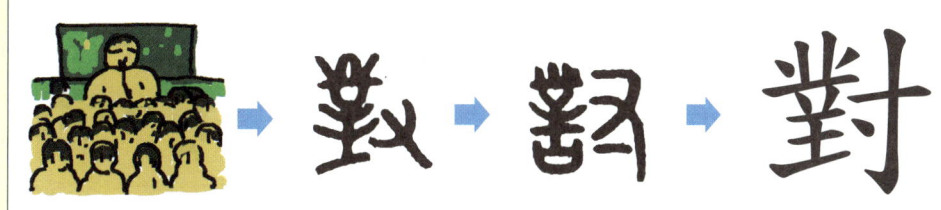

많은 사람이 자리에 앉아 정해진 규칙에 따라 묻고 '대답하다'는 뜻의 글자.

對	對	對	對	對	對	對	對	對	對
대할 대	대할 대	대할 대	대할 대	대할 대	대할 대	대할 대	대할 대	대할 대	대할 대

부수: 禾(벼 화) | 한자능력검정시험 4급 한자

일컬을/저울 칭

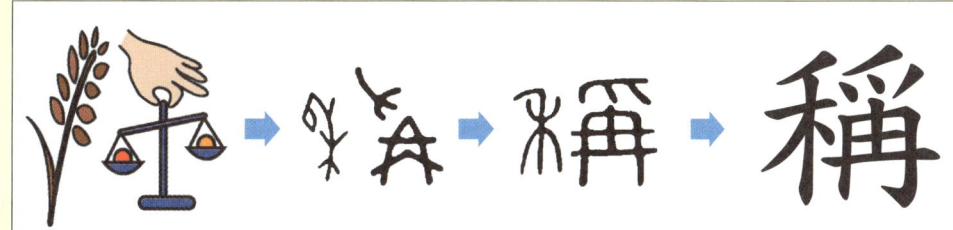

벼를 하나하나 소리 내어 세서 '일컫다'. 이를 저울에 올린다고 해서 '저울'을 나타낸 글자.

稱	稱	稱	稱	稱	稱	稱	稱	稱
일컬을 칭	저울 칭	일컬을 칭	저울 칭	일컬을 칭	저울 칭	일컬을 칭	저울 칭	일컬을 칭

對稱

對稱

對稱

對稱

Chapter 13

規則 규칙

1학년 2학기 규칙 찾기

왜 規則일까요?

여러 사람이 다 같이 지키기로 한 법칙을 규칙이라고 합니다.

→ 정해서(規) 지키는 + 법칙(則) = 規則

교과서 펼쳐 보기

① 수학에서 어떤 모양이나 수가 일정하게 변하는 법칙을 (　　)이라 한다.
② 도형이 변하는 (　　)을 알면 다음에 올 도형의 모습을 알 수 있다.

블록이 늘어선 모습을 보고 다음에 올 블록의 모습을 그려 보시오.

'규칙'이란 무엇일까요?

규칙(規則)은 여러 사람들이 다 같이 지키기로 정한 법칙이에요. 수학에서의 規則은 어떤 모양이나 수가 일정하게 변하는 법칙이지요. 規則에는 여러 가지가 있을 수 있어요. 달력을 보면 다양한 規則을 알 수 있지요. 일요일에서 월요일까지 7일마다 같은 요일이 반복이 되고, 날짜는 오른쪽으로 갈수록 1씩 커지고, 아래로 갈수록 7씩 커져요. 또 어떤 規則을 찾을 수 있을까요?

자형의 원리

부수: 見(볼견) | 한자능력검정시험 5급 한자

법 규

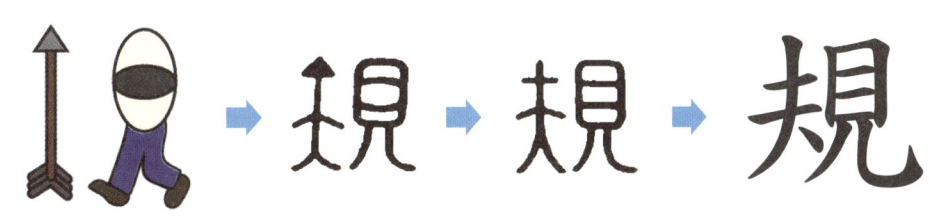

사물을 바르게 보고(見) 잰다는 뜻에서 '법'을 뜻하는 글자

規	規	規	規	規	規	規	規	規	規	規
법규	법규	법규	법규	법규	법규	법규	법규	법규	법규	법규

부수: 刂(선칼도방) | 한자능력검정시험 5급 한자

법칙 칙

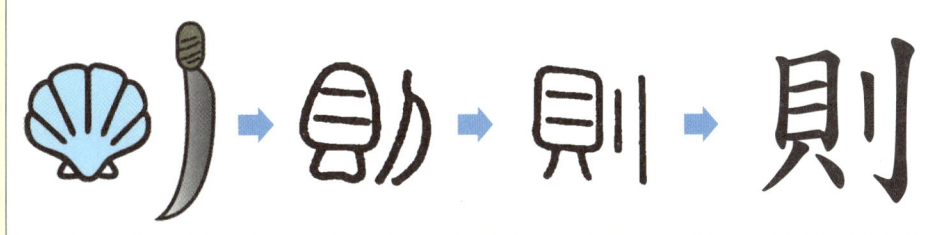

재물(貝)을 칼(刂)같이 나누는 모습으로, 돈을 나눌 때는 언제나 공평해야 한다는 의미에서 '법칙'을 뜻하는 글자.

則	則	則	則	則	則	則	則	則	則
법칙 칙	법칙 칙	법칙 칙	법칙 칙	법칙 칙	법칙 칙	법칙 칙	법칙 칙	법칙 칙	법칙 칙

規則										
規則										
規則										
規則										

도형과 규칙

Chapter 14

1학년 2학기 규칙 찾기

順序 순서

왜 順序일까요?

따르도록 정해진 차례를 순서라 합니다.

→ 정해진(順) + 차례(序) = **順序**

교과서 펼쳐 보기

① 어떤 일이 이루어지는 차례를 (　　)라고 한다.
② 덧셈, 뺄셈, 곱셈, 나눗셈이 섞여 있는 식은 곱셈과 나눗셈부터 (　　)대로 계산한다.

> 다음 식을 보고, 바른 계산 順序(순서)의 번호를 고르시오.
>
> 〈보기〉 500−10×5+30
>
> ① 500에서 10을 빼고 그 값에 5를 곱한다. 마지막으로 30을 더한다.
> ② 500에서 10에 5를 곱한 값을 뺀다. 마지막으로 30을 더한다.
> ③ 500에서 10을 뺀 값과 5와 30을 더한 값을 서로 곱한다.

'순서'란 무엇일까요?

어떤 일의 정해진 차례를 순서(順序)라고 해요. 수학에서는 順序가 매우 중요합니다. 정해진 順序를 지키지 않는다면 계산을 할 때 제각기 다른 결과가 나올 수 있기 때문이지요. 덧셈, 뺄셈, 곱셈, 나눗셈의 사칙연산을 생각해 볼까요? 네 가지 중 곱셈과 나눗셈을 먼저 계산해야 해요. 하지만 괄호가 있다면 괄호 안의 식부터 順序대로 계산해야 한답니다.

자형의 원리

부수: 頁(머리혈) | 한자능력검정시험 5급 한자

순할 순

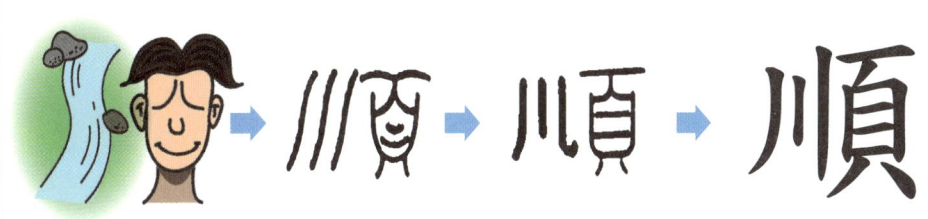

물(川)이 위에서부터 아래로 흐르듯이 사람(頁)도 순리에 따라 살아야 한다는 데서 '순하다'를 뜻하는 글자.

부수: 广(엄호) | 한자능력검정시험 5급 한자

차례 서

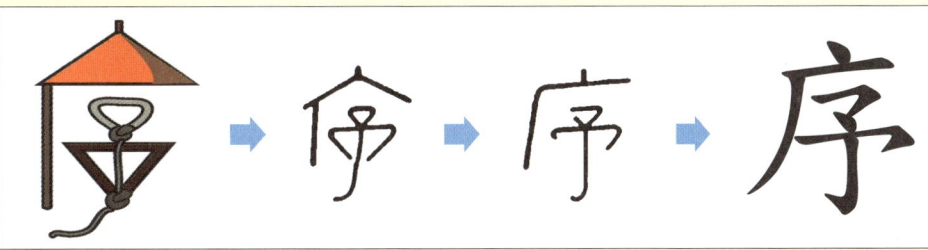

집 안에서 베틀에 이리저리 실을 꿰는 모습의 한자. 천을 짤 때는 실을 차례차례 꿰어야 한다는 뜻에서 '차례'를 뜻함.

도형과 규칙 **67**

Chapter 15

2학년 2학기 규칙 찾기

變化 변화

왜 變化일까요?

모양이나 성질이 바뀌는 것을 변화라고 합니다.

→ 변하게(變) + 되다(化) = 變化

교과서 펼쳐 보기

① 성질, 모양, 상태 등이 달라지는 것을 (　　)라 한다.
② 수의 규칙을 찾을 때는 순서에 따른 수의 (　　)를 살펴보아야 한다.

다음 수의 變化(변화)를 보고 표 안을 채워 넣으시오.

순서	첫 번째	두 번째	세 번째	네 번째	다섯 번째	…	열 번째
수	1	3	5		9	…	

'변화'란 무엇일까요?

변화(變化)는 사물의 성질, 모양, 상태 등이 이전과 다르게 변하는 것을 말해요. 겨울이 지나고 봄이 되어 날씨가 따뜻해지는 것, 내가 나이를 먹고 키가 자라는 것이 전부 變化지요. 수학에서도 도형을 이리저리 옮기고 뒤집어서 무늬를 만들 때, 여러 가지 규칙을 찾아낼 때 이 變化가 매우 중요하답니다. 어떤 값이 變化하는 모습은 표과 그래프를 통해 그림으로 나타낼 수도 있어요.

자형의 원리

부수: 言(말씀언) | 한자능력검정시험 5급 한자

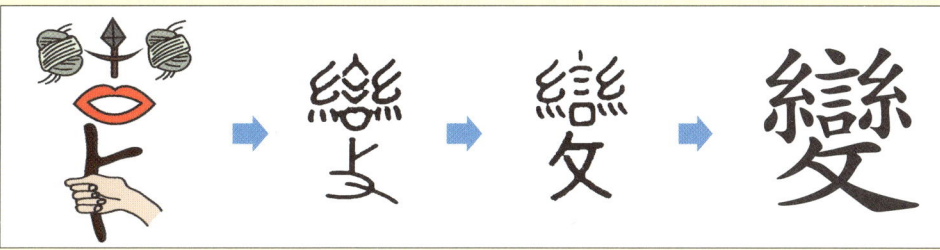

어지럽게 엉킨 실뭉치를 손으로 가다듬어 고운 실타래가 된다는 뜻에서 '변하다'를 뜻하는 글자.

부수: 匕(비수비) | 한자능력검정시험 5급 한자

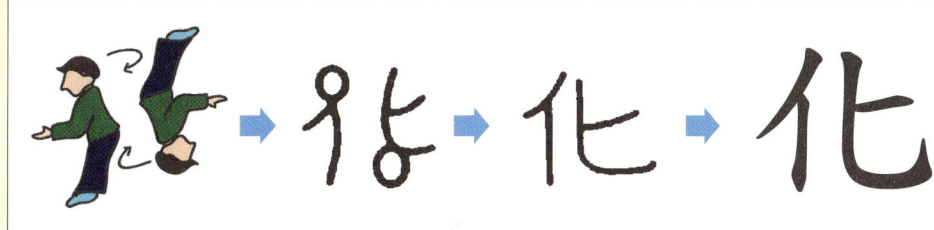

사람(亻=人)이 모양을 바꿔 다른 사람(匕)이 된다는 뜻의 글자로 '되다'를 뜻하는 글자.

도형과 규칙 **69**

PART 03

측정

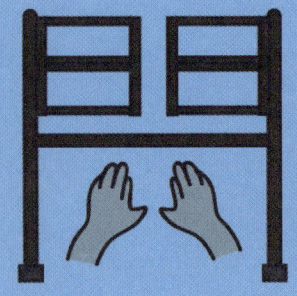

측정은 어떤 것들을 재서(測) 그 크기를 정한다는(定) 뜻에서 測定이라고 합니다.
온도를 재거나, 무게를 달거나, 그릇의 들이를 보거나,
물건의 길이를 재는 모든 일들이 측정이지요. 측정은 우리의 실생활에서 떼어놓을 수 없는 개념입니다.
일기 예보에서 오늘의 날씨를 볼 때, 슈퍼마켓에서 장을 볼 때, 옷가게에서 옷을 살 때
우리는 측정에 둘러싸인 셈입니다.

5·6급:

數	量	測	定	單	位
셈 수	헤아릴 량	헤아릴 측	정할 정	홑 단	자리 위
時	間	距	離	以	上
때 시	사이 간	떨어질 거	떠날 리	써 이	윗 상
以	下	超	過	未	滿
써 이	아래 하	뛰어넘을 초	지날 과	아닐 미	찰 만
近	似	半			
가까울 근	닮을 사	반 반			

Chapter 01

3학년 2학기 들이와 무게

數量 수량

왜 數量일까요?

수와 양을 수량이라고 합니다.

→ | 수(數) | + | 양(量) | = | 數量 |

교과서 펼쳐 보기

① 세거나 잴 수 있는 수와 양을 (　　)이라고 한다.
② (　　)은 표와 그래프로 나타낼 수 있다.

> 가장 좋아하는 음식을 한 가지 쓰고, 음식을 하는 데 필요한 재료와 그 量(양)을 써 보시오.

'수량'이란 무엇일까요?

수량(數量)은 세거나 잴 수 있는 數와 量을 말해요. 사람들은 數와 量을 재기 위해 다양한 기구와 단위를 만들었어요. 물건의 개수를 세기도 하고, 무게와 부피, 들이의 양을 재고, 넓이와 길이, 시간, 온도를 측정하기도 하지요. 서로 다른 둘의 數量을 비교할 때도 있어요. 다양한 數量은 측정의 시작과 끝이라고 할 수 있어요.

자형의 원리

부수: 攵(등글월문) | 한자능력검정시험 7급 한자

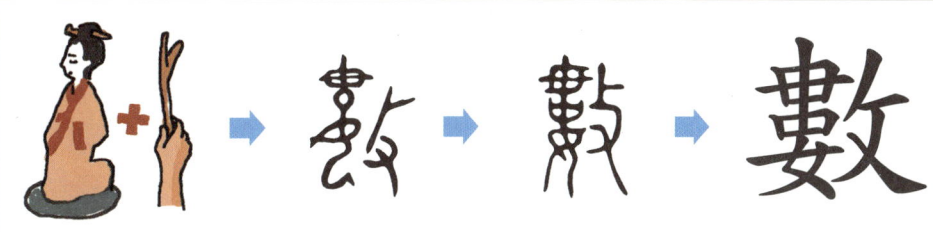

머리를 이중으로 틀어 올린 여자(婁)가 막대를 두드리며(攵) 셈을 한다는 데서 '셈하다'의 뜻을 나타낸 글자.

數	數	數	數	數	數	數	數	數	數	數
셈 수	셈 수	셈 수	셈 수	셈 수	셈 수	셈 수	셈 수	셈 수	셈 수	셈 수

부수: 里(마을리) | 한자능력검정시험 5급 한자

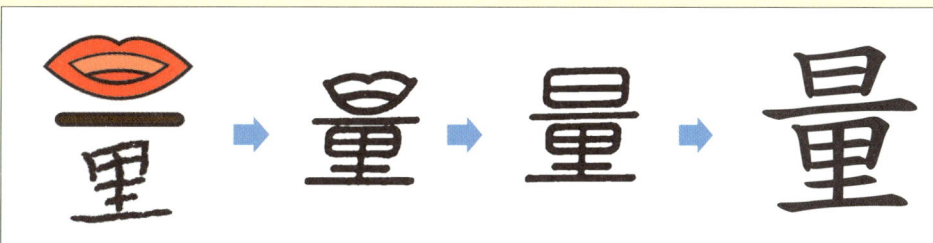

하루(一)에 걸어갈 수 있는 마을(里)의 수를 말(曰)로서 '헤아리다'는 의미의 글자.

量	量	量	量	量	量	量	量	量	量	量
헤아릴 량	헤아릴 량	헤아릴 량	헤아릴 량	헤아릴 량	헤아릴 량	헤아릴 량	헤아릴 량	헤아릴 량	헤아릴 량	헤아릴 량

數量

數量

數量

數量

측정

Chapter 02

測定 측정

5학년 2학기 여러 가지 단위

왜 測定일까요?

길이, 넓이, 무게, 들이, 부피, 시간, 각도, 온도 등을 재는 것을 측정이라 합니다.

→ 헤아려(測) + 정하다(定) = 測定

교과서 펼쳐 보기

① 길이, 넓이, 무게, 들이, 부피, 시간, 각도, 온도 등의 양을 재는 것을 (　　　)이라고 한다.
② 무게는 저울을 이용해 (　　　)한다.

> 학교 건강검진에서 어떤 것들을 測定(측정)했는지 생각해 보고, 이를 어떤 단위를 이용해 기록했는지 써 보시오.
>
> | 측정한 것 | 단위 |
> |---|---|
> | 키 | cm |
> | | |

'측정'이란 무엇일까요?

측정(測定)은 길이, 넓이, 무게, 들이, 부피, 시간, 각도, 온도 등을 재는 것을 말합니다. 옛날 사람들은 測定할 때 몸을 이용했어요. 한 뼘, 한 줌 등은 지금도 사용하고 있지요. 그런데 이렇게 하면 사람들마다 재는 양이 조금씩 다 달랐어요. 쌀을 한 줌 가져간다고 할 때 손이 큰 사람은 많이 가져가고, 손이 작은 사람은 적게 가져가면 공평하지 않지요? 그래서 사람들은 일정한 단위를 만들게 되었답니다.

자형의 원리

부수: 氵(삼수변) | 한자능력검정시험 4급 한자

헤아릴 측

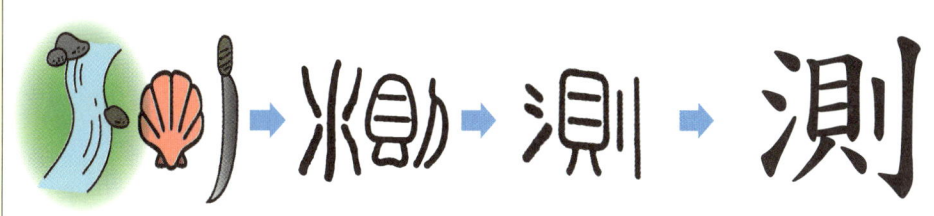

물(氵=水)의 깊이를 확실히 정한다(則)는 뜻의 글자로, 나중에 물만이 아니라 다른 것들도 '헤아리다'를 뜻하게 됨.

測	測	測	測	測	測	測	測	測	測	測
헤아릴 측	헤아릴 측	헤아릴 측	헤아릴 측	헤아릴 측	헤아릴 측	헤아릴 측	헤아릴 측	헤아릴 측	헤아릴 측	헤아릴 측

부수: 宀(갓머리) | 한자능력검정시험 6급 한자

정할 정

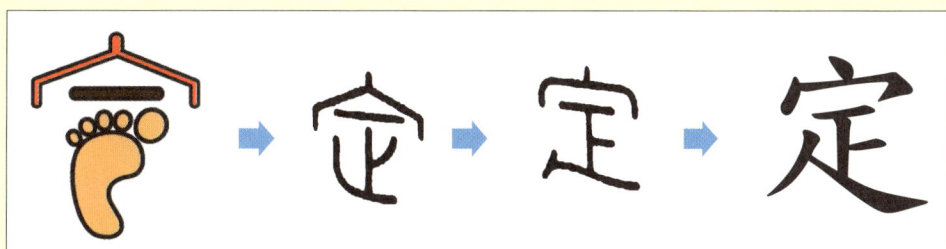

사당이나 집 안(宀)의 물건을 정돈하여 바르게(正) 넣기 위해 자리를 '정한다'는 뜻의 글자.

定	定	定	定	定	定	定	定	定	定	定
정할 정	정할 정	정할 정	정할 정	정할 정	정할 정	정할 정	정할 정	정할 정	정할 정	정할 정

測定								
測定								
測定								
測定								

측정

Chapter 03

5학년 2학기 여러 가지 단위

單位 단위

왜 單位일까요?

측정의 기초가 되는 일정한 기준을 단위라고 부릅니다.

→ 일정한 하나의(單) + 기준(位) = 單位

교과서 펼쳐 보기

① 양, 온도, 넓이, 시간 등을 잴 때 기초가 되는 일정한 기준을 ( )라 한다.
② 온도의 ( )에는 화씨(℉)와 섭씨(℃), 무게의 ( )에는 그램(g), 킬로그램(kg) 등이 있다.

> 다음 單位(단위)들을 보고 빈칸에 알맞은 수를 쓰시오.
> - 1킬로미터(km) = ( )미터(m)
> - 1리터(1L) = 1000밀리리터(mL)
> - 1킬로미터제곱(㎢) = ( )헥타르(ha) = 100000아르(a) = ( )미터제곱(㎡)

'단위'란 무엇일까요?

단위(單位)는 길이, 양, 온도, 넓이, 시간 등을 잴 때 기초가 되는 일정한 기준이에요. 單位를 사용해서 다양한 것들을 측정할 수 있어요. 單位를 쓰면 기준이 정해져 있기 때문에 편하답니다. '쌀 한 줌'보다 '쌀 100g'이 더 정확하게 양을 알 수 있지요? 지금은 전 세계의 사람들이 서로 만날 수 있게 되었기 때문에 같은 單位를 써야 할 필요성이 더 커지고 있어요.

자형의 원리

부수: 口(입구) | 한자능력검정시험 4급 한자

홑 단

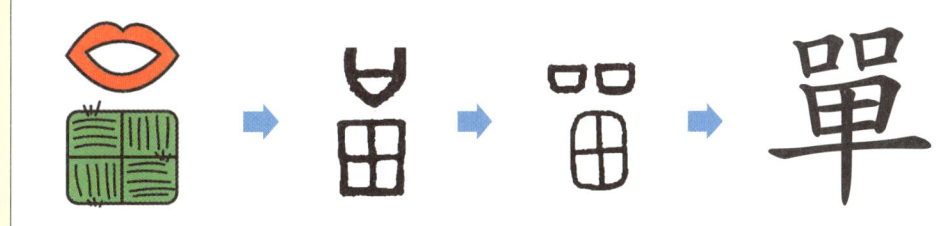

식구들(口)을 먹여 살리기 위해 밭(田)에서 여러 날(十)을 혼자 일한다는 의미에서 '홀로'를 뜻하는 글자.

單	單	單	單	單	單	單	單	單	單
홑 단	홑 단	홑 단	홑 단	홑 단	홑 단	홑 단	홑 단	홑 단	홑 단

부수: 亻(사람인변) | 한자능력검정시험 5급 한자

자리 위

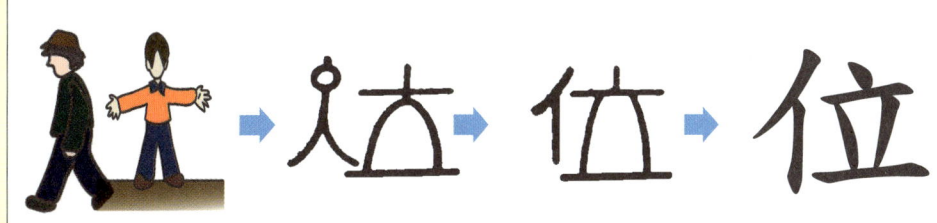

立은 사람이 서 있는 모양. 거기에 사람이 또 붙어 여럿이 서 있는 자리라고 해서 '자리'를 뜻하는 글자.

位	位	位	位	位	位	位	位	位	位
자리 위	자리 위	자리 위	자리 위	자리 위	자리 위	자리 위	자리 위	자리 위	자리 위

單位

單位

單位

單位

측정

Chapter 04

3학년 1학기 시간과 길이

時間 시간

왜 時間일까요?

시각과 시각 사이 구간을 시간이라고 합니다.

→ 시각(時) + 사이(間) = **時間**

교과서 펼쳐 보기

① 시간의 한 지점을 (   )이라 한다.
② 어떤 시각과 시각 사이를 (   )이라 한다.

> 다음 대화를 보고 빈칸에 時刻(시각)과 時間(시간) 중 알맞은 말을 쓰시오.
> 지야: 만나기로 한 시각이 언제야?
> 다정: 약속 시각은 7시 30분이야.
> 지야: 그러면 (   )이 얼마나 남았지?
> 다정: 지금이 여섯시니까, 한 (   )삼십 분이 남았네.

'시간'이란 무엇일까요?

시간(時間)은 어떤 시각(時刻)과 시각 사이를 뜻해요. "학교까지는 2시간이 걸린다.", "한 시간 뒤에 보자!"와 같이 쓸 수 있지요. 바늘이 있는 시계를 보면 시각(時刻)과 時間에 대해 이해하기가 좀 더 쉬워요. 시계의 침이 가리키는 한 점이 시각, 한 점에서 다른 점 사이가 時間이 됩니다. 초바늘이 작은 눈금 한 칸을 지나는 데 걸리는 時間을 1초라고 합니다. 60초는 1분, 60분은 다시 한 時間이 되지요.

한자 넓혀 보기

- 時刻(시각): 시간의 한 지점.

78 수학 시간에 한자 쓰기

자형의 원리

부수: 日(날일) | 한자능력검정시험 7급 한자

日은 '때'의 뜻을 나타내고 寺는 소리(음)부분에 해당하여 때를 나타내는 글자.

時	時	時	時	時	時	時	時	時	時
때 시	때 시	때 시	때 시	때 시	때 시	때 시	때 시	때 시	때 시

부수: 門(문문) | 한자능력검정시험 7급 한자

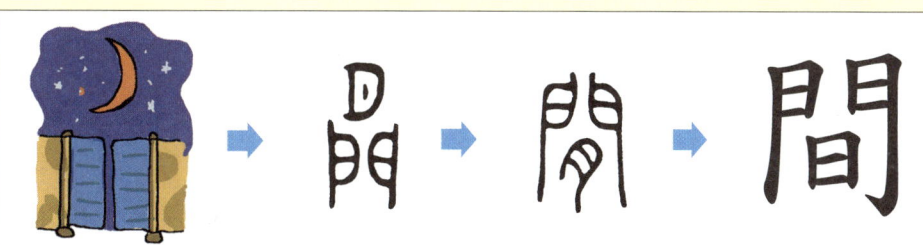

문(門)틈으로 한가롭게 달(月)을 보는 데서 '사이, 틈'의 뜻을 나타낸 글자. 후에 '月'대신에 '日'로 바꿔 썼음.

間	間	間	間	間	間	間	間	間	間
사이 간	사이 간	사이 간	사이 간	사이 간	사이 간	사이 간	사이 간	사이 간	사이 간

時間

時間

時間

時間

측정

Chapter 05

3학년 1학기 시간과 길이

距離 거리

왜 距離일까요?

두 물건이나 장소가 서로 떨어져 있는 길이를 거리라 합니다.

→ 떠나서(離) + 떨어져 있다(距) = 距離

교과서 펼쳐 보기

① 두 개의 물건이나 장소가 서로 떨어져 있는 길이를 (　　)라고 한다.
② 수학에서는 가장 가까운 직선 길이를 (　　)라고 하기도 한다.

> 다음 설명을 듣고, 도서관에서 학교까지의 距離(거리)를 구하시오.
>
> 지민: 어제는 학교를 마치고 도서관까지 걸어갔어.
> 현아: 나는 문방구에 들러서 도서관에 가느라 지민이보다 50m 더 걸었지.
> 도영: 나는 학원으로 바로 가서 현아보다 100m 덜 걸었어.
> 민수: 나는 0.5km를 걸었어. 도영이보다 두 배나 더 걸었지!

'거리'란 무엇일까요?

거리(距離)란 두 개의 물건이나 장소가 서로 떨어져 있는 길이입니다. 우리나라는 미터법을 사용해 距離를 재지요. 100cm는 1m, 1,000m는 1km가 됩니다. 한편, 수학에서의 距離는 '가장 가까운 직선 길이'를 뜻하기도 해요. 점과 점 사이에는 셀 수 없을 만큼 많은 선을 그을 수 있기 때문에, 그 중에서 가장 짧은 하나를 구하는 것입니다.

자형의 원리

부수: 足(발족변) | 한자능력검정시험 3급 한자

떨어질 거

닭발 뒤편의 큰(巨) 며느리발톱(足)을 뜻하는 단어로, 떨어진 발이어서 '떨어져 있다'는 뜻의 글자.

距 距 距 距 距 距 距 距 距 距
떨어질 거

부수: 隹(새추) | 한자능력검정시험 4급 한자

떠날 리

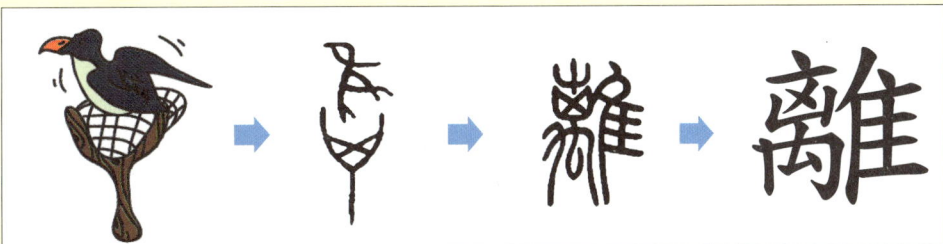

새(禽)는 지붕(人)이 없어지면 떠나 버린다(离). 떠나는 새(隹)라고 해서 '떠나다'라는 뜻의 글자.

離 離 離 離 離 離 離 離 離 離
떠날 리

距離

距離

距離

距離

측정 **81**

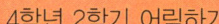

以上 이상

왜 以上일까요?

어떤 것보다 같거나 클 때 이상이라고 합니다.

→ 같거나(以) + 크다(上) = 以上

교과서 펼쳐 보기

① 110, 105.3, 123.9, 138 등과 같이 100보다 크거나 같은 수를 100 (   )인 수라고 한다.

② 〈이 놀이기구는 110cm (   )의 어린이만 탈 수 있습니다〉라고 할 때, 110cm, 120cm인 친구는 탈 수 있고, 105cm의 친구는 탈 수 없다.

> 120cm 以上(이상)의 어린이만 놀이기구를 탈 수 있다고 할 때, 놀이기구를 탈 수 있는 사람을 모두 고르시오.
>
> | 민정 | 110cm | 지원 | 119cm |
> | 여진 | 105.5cm | 정아 | 120.4cm |
> | 경수 | 130cm | 나연 | 120cm |

'이상'이란 무엇일까요?

수학에서 이상(以上)은 같거나 더 큰 수를 나타낼 때 씁니다. 110 以上인 수는 110이 될 수도 있고, 110.5가 될 수도 있고, 120이 될 수도 있지요. 以上을 나타낼 때는 수직선을 사용합니다. 수가 너무 많아서 일일이 쓸 수 없기 때문이에요. 수직선 위에 속이 찬 점(•)을 찍고 오른쪽으로 뻗어 나가는 화살표를 그린답니다.

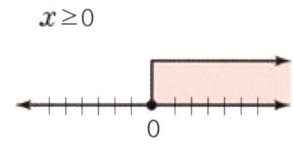

$x \geq 0$

한자 넓혀 보기

■ 垂直線(수직선): 일정한 간격으로 눈금을 표시하고 수를 표시한 직선.

자형의 원리

부수: 人(사람인) | 한자능력검정시험 5급 한자

써 이

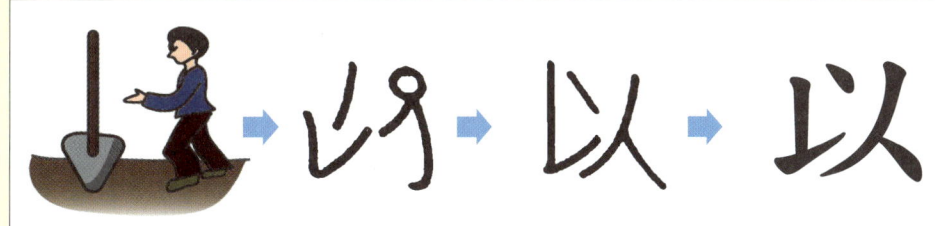

사람이 도구로 흙을 퍼 올리는 모습으로, '(도구)로써', 혹은 '(도구)로부터'의 의미를 갖는 글자.

以	以	以	以	以	以	以	以	以	以	以
써 이	써 이	써 이	써 이	써 이	써 이	써 이	써 이	써 이	써 이	써 이

부수: 一(한일) | 한자능력검정시험 7급 한자

윗 상

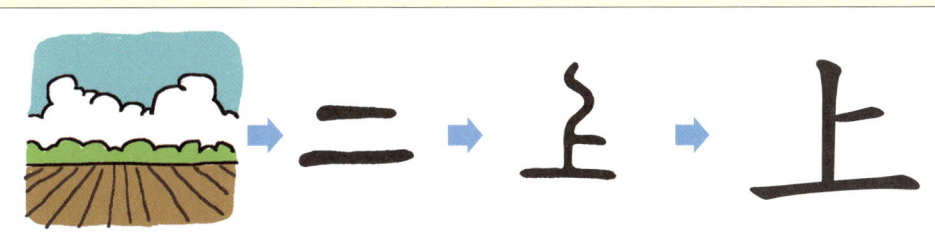

땅(一)과 그 위를 나타내는 선으로 '위'의 뜻을 나타낸 글자.

上	上	上	上	上	上	上	上	上	上	上
윗 상	윗 상	윗 상	윗 상	윗 상	윗 상	윗 상	윗 상	윗 상	윗 상	윗 상

以	上						
以	上						
以	上						
以	上						

Chapter 07

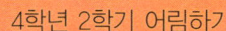
4학년 2학기 어림하기

以下 이하

왜 以下일까요?

어떤 것보다 같거나 작을 때 이하라고 합니다.

→ 같거나(以) + 작다(下) = 以下

교과서 펼쳐 보기

① 100, 99, 95.5, 84 등과 같이 100보다 작거나 같은 수를 100 (　　)인 수라고 한다.
② 과자를 3개 (　　)로 먹기로 약속했을 때, 과자는 3개까지 먹을 수 있다.

110cm 이상 150cm 以下(이하)의 어린이만 놀이기구를 탈 수 있다고 할 때, 놀이기구를 탈 수 있는 사람을 모두 고르시오.

지연	110cm	도현	150.5cm
수정	129cm	수민	130.5cm
성원	108cm	영철	155cm

'이하'는 무엇일까요?

앞에서 이상(以上)을 배웠죠? 이상의 반대는 이하(以下)입니다. 어떤 수보다 같거나 작다는 뜻이지요. 以下를 나타낼 때도 수직선을 사용합니다. 다만 더 작아지기 때문에 화살표 방향은 반대가 됩니다. 수직선 위에 속이 찬 점(•)을 찍고 왼쪽으로 나가는 화살표를 그린답니다.

$x \leq 0$

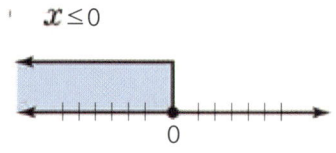

자형의 원리

부수: 人(사람인) | 한자능력검정시험 5급 한자

써 이

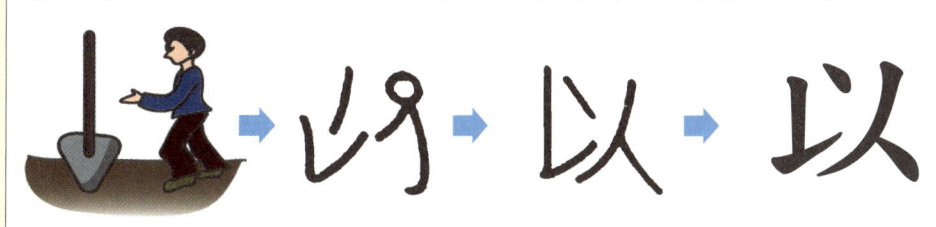

사람이 도구로 흙을 퍼 올리는 모습으로, '(도구)로써', 혹은 '(도구)로부터'의 의미를 갖는 글자.

以	以	以	以	以	以	以	以	以	以	以
써 이	써 이	써 이	써 이	써 이	써 이	써 이	써 이	써 이	써 이	써 이

부수: 一(한일) | 한자능력검정시험 7급 한자

아래 하

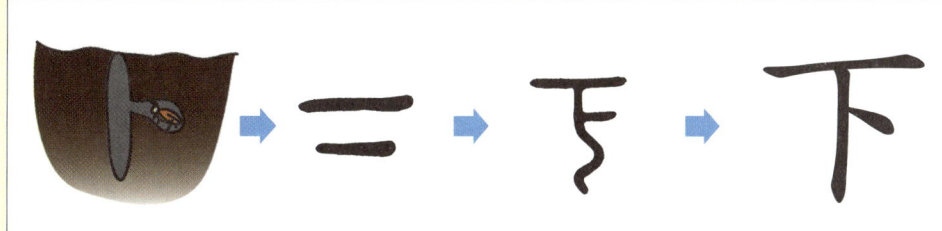

땅(一)아래의 위치에서 '아래'를 의미하는 글자.

下	下	下	下	下	下	下	下	下	下	下
아래 하	아래 하	아래 하	아래 하	아래 하	아래 하	아래 하	아래 하	아래 하	아래 하	아래 하

以下
以下
以下
以下

Chapter 08

超過 초과

4학년 2학기 어림하기

왜 超過일까요?

어떤 것보다 무조건 클 때 초과라고 합니다.

→ 뛰어넘어서(超) + 지나다(過) = 超過

교과서 펼쳐 보기

① 100.5, 110, 123 등과 같이 100보다 큰 수를 100 (　　) 인 수라고 한다.
② 어떤 수보다 큰 수를 말할 때 어떤 수를 포함하지 않고 말하고 싶으면 (　　)를 사용한다.

110cm 超過(초과) 150cm 이하의 어린이만 놀이기구를 탈 수 있다고 할 때, 놀이기구를 탈 수 있는 사람을 모두 고르시오.

지연	110cm	도현	150.5cm
수정	129cm	수민	130.5cm
성원	108cm	영철	155cm

'초과'란 무엇일까요?

초과(超過)는 어떤 수보다 더 크다는 뜻입니다. 超過일 때는 기준이 되는 수를 포함하지 않아요. '3 超過인 자연수'라고 하면 4, 5, 6과 같은 수들이 포함되지요. 그래서 수직선 위에 나타낼 때도 수직선 위에 속이 빈 점(○)을 찍고 오른쪽으로 뻗어 나가는 화살표를 그린답니다.

$x > 0$

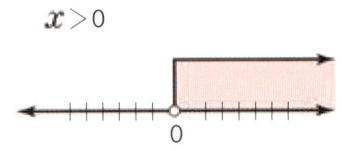

자형의 원리

부수: 走(달릴주) | 한자능력검정시험 3급 한자

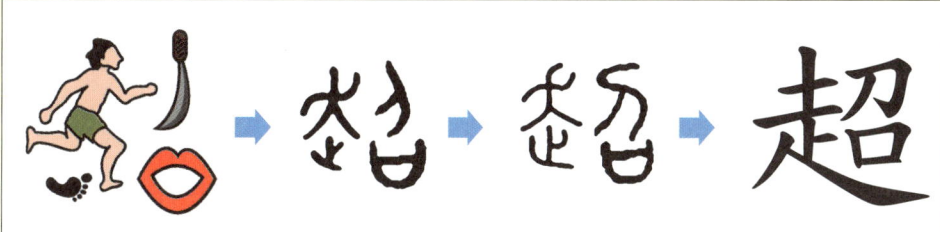

누군가가 멀리서 부르니(召), 장애물을 넘어 달려간다(走)는 데서 '뛰어넘다'를 뜻하게 됨.

超	超	超	超	超	超	超	超	超	超	超
뛰어넘을 초	뛰어넘을 초	뛰어넘을 초	뛰어넘을 초	뛰어넘을 초	뛰어넘을 초	뛰어넘을 초	뛰어넘을 초	뛰어넘을 초	뛰어넘을 초	뛰어넘을 초

부수: 辶(책받침) | 한자능력검정시험 5급 한자

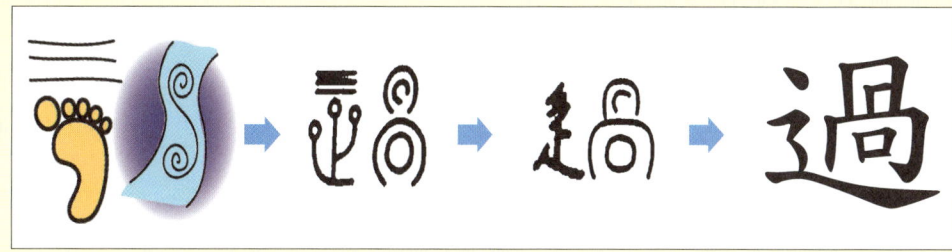

소용돌이(咼)치며 지나가는(辶)강물의 모습에서 '지나다'를 뜻하는 한자. 일이 정도를 지나쳤다는 뜻에서 '허물'을 의미하기도 함.

過	過	過	過	過	過	過	過	過	過	過
지날 과	지날 과	지날 과	지날 과	지날 과	지날 과	지날 과	지날 과	지날 과	지날 과	지날 과

超過

超過

超過

超過

Chapter 09

4학년 2학기 어림하기

未滿 미만

왜 未滿일까요?	어떤 것보다 무조건 작을 때 미만이라고 합니다. → 꽉 차지(滿) + 않다(未) = 未滿
교과서 펼쳐 보기	① 80, 98, 99.5 등과 같이 100보다 작은 수를 100 (　　　)인 수라고 한다. ② 기준이 되는 수를 포함하지 않으면서 그보다 더 작은 수를 나타낼 때는 (　　　)이라고 한다.

영화관의 상영시간표를 보고, 13세인 도영이 볼 수 있는 영화를 모두 고르시오.		
영화명	시청 가능 연령	상영 시간
○○영화	18세 미만(未滿) 관람 불가	22:00~00:30
□□영화	15세 미만(未滿) 관람 불가	15:40~17:30
☆☆영화	전체관람가	10:00~11:35
△△영화	7세 미만(未滿) 관람 불가	13:20~14:20

'미만'이란 무엇일까요?	미만(未滿)은 어떤 수보다 작은 것을 뜻합니다. 가게에 보면 '19세 未滿 술·담배 판매 금지'라는 표지판이 있지요? 19세 이상은 되지만 18세 이하는 불가능하다는 뜻이에요. 未滿과 초과(超過)는 둘 다 기준이 되는 수를 포함하지 않기 때문에 수직선에 그리는 법도 비슷하지요. 미만인 수를 나타낼 때는 수직선 위에 속이 빈 점(○)을 찍고 왼쪽으로 뻗어 나가는 화살표를 그린답니다. 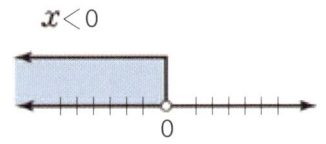

자형의 원리

부수: 木(나무목) | 한자능력검정시험 4급 한자

아닐 미

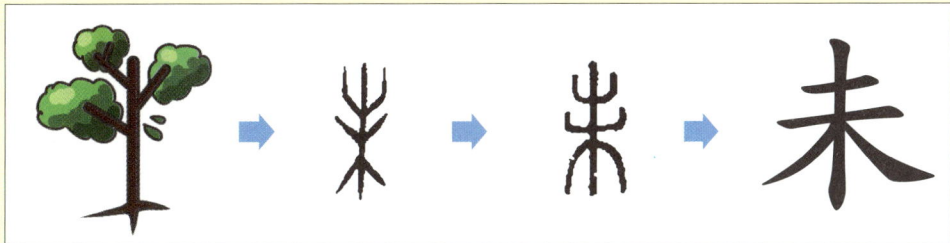

나무 끝의 가느다란 가지의 모양을 본뜬 글자로 희미한 모양에서 '아직 … 하지 않다'를 뜻하는 한자.

부수: 氵(삼수변) | 한자능력검정시험 4급 한자

찰 만

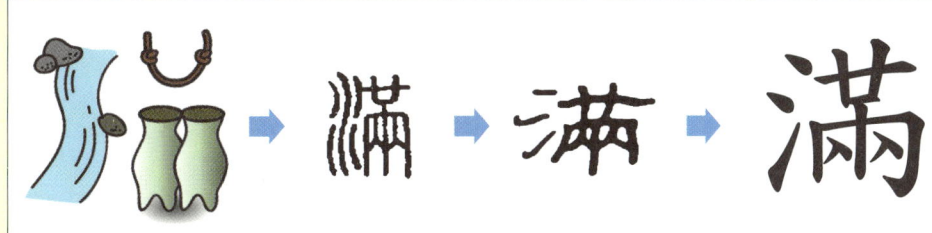

물(氵=水)이 평평하게(㒼) 어디든지 '차 있다'는 뜻의 한자.

Chapter 10

4학년 2학기 어림하기

近似- 근삿값

왜 近似값일까요?

참값에 가까운 값을 근삿값이라고 합니다.

→ 가깝게(近) + 닮은(似) + 값 = 近似-

교과서 펼쳐 보기

① 실제 값에 가깝게 어림한 값을 (　　)이라고 한다.
② (　　)은 '어림수'라고 하기도 한다.

나와 친구들의 키를 어림하여 말해 보고, 기계로 잰 실제 키와 近似값(근삿값)이 얼마나 차이가 나는지 알아봅시다.

어림한 값	실제 값
150cm	148cm

'근삿값'이란 무엇일까요?

근삿값(近似-)은 참값에 가까운 값입니다. 한자를 그대로 읽으면 '근사'이지만 사이시옷을 붙여서 말해요. '어림하다'에서 따와 '어림수'라고 말하기도 하지요. 일상에서는 언제나 정확한 참값을 구하기가 어렵고, 꼭 참값을 구할 필요가 없는 경우도 많기 때문에 近似값을 많이 사용합니다. 近似값과 참값의 차이는 오차(誤差)라고 합니다. 近似값은 참값에 가까워야 하기 때문에 오차는 적을수록 좋겠지요.

한자 넓혀 보기

- 誤差(오차): 참값과 근삿값의 차이.

자형의 원리

부수: 辶(책받침) | 한자능력검정시험 6급 한자

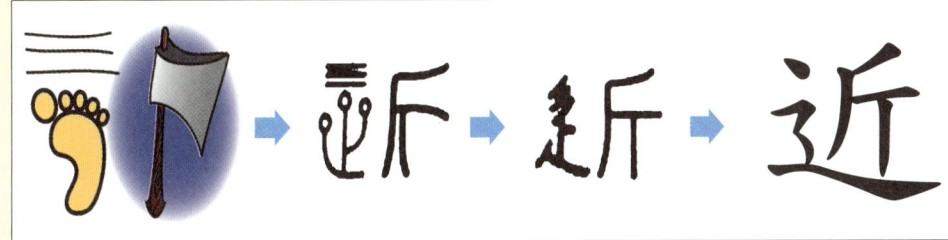

도끼(斤)로 나무를 베러 갈(辶) 때는 멀리 나가면 길을 잃기 때문에 가까운 곳에서 일해야 된다는 데서 '가깝다'는 뜻이 된 한자.

近 가까울 근 | 近 가까울 근 | 近 가까울 근 | 近 가까울 근 | 近 가까울 근 | 近 가까울 근 | 近 가까울 근 | 近 가까울 근 | 近 가까울 근 | 近 가까울 근 | 近 가까울 근

부수: 亻(사람인변) | 한자능력검정시험 3급 한자

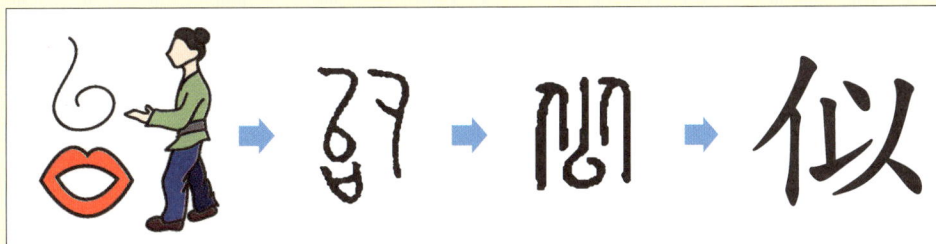

땅을 일구며(以) 일하는 사람들(亻=人)은 멀리서 보면 다 비슷해 보이기 때문에 '닮다'를 뜻하는 한자.

似 닮을 사 | 似 닮을 사 | 似 닮을 사 | 似 닮을 사 | 似 닮을 사 | 似 닮을 사 | 似 닮을 사 | 似 닮을 사 | 似 닮을 사 | 似 닮을 사 | 似 닮을 사

近似
近似
近似
近似

측정

Chapter 11

4학년 2학기 어림하기

半-- 올림, 내림, 반올림

왜 半올림일까요?

반올림을 할 때는 자리의 값이 5 이상이면 올리고, 5 미만이면 버립니다.

→ 반만(半) + 올리다 = 半--

교과서 펼쳐 보기

① 수를 어림할 때 올림은 0이 아니면 무조건 올리고, 버림은 0이 아니면 무조건 버린다.

② 올림과 버림의 기준을 반씩 가져온 것이 (　　　)이다.

> 3647을 각각의 자리에서 반올림하여 보시오.
>
> - 3647을 1의 자리에서 반올림한 수: 3650
> - 3647을 1의 자리에서 반올림한 수:
> - 3647을 1의 자리에서 반올림한 수:

'반올림'이란 무엇일까요?

근삿값을 구하기 위해 수를 어림할 때는 올림, 버림, 반올림(半--)을 합니다. 올림은 구하려는 자리 미만의 수를 올리고, 버림은 구하려는 자리 미만의 수를 버려요. 半올림은 그 중간입니다. 半올림을 하면 구하려는 자리 바로 아래 자리의 숫자가 0, 1, 2, 3, 4이면 버리고, 5, 6, 7, 8, 9이면 올립니다.

자형의 원리

부수: 十(열십) | 한자능력검정시험 6급 한자

 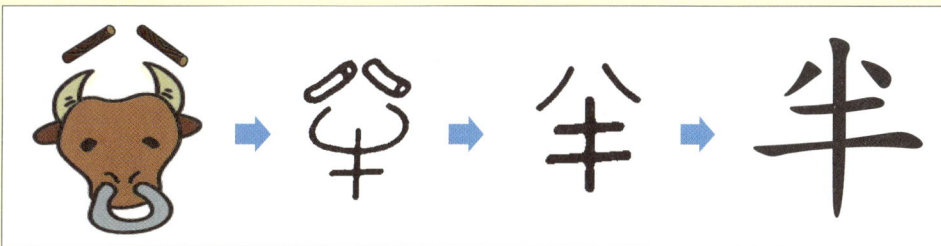

소(牛)를 나누어(八) 가진다 해서 '절반'을 뜻하는 글자.

半	半	半	半	半	半	半	半	半	半	半	半
반반	반반	반반	반반	반반	반반	반반	반반	반반	반반	반반	반반

측정

PART 04

비와 비율, 자료의 정리와 표현

우리는 이제까지 크고 작은 수들을 배웠어요. 그런데 이 수가 크고 작은지 어떻게 알았을까요? 수의 크기는 比, 즉 비교를 통해 알 수 있어요. 한편, 우리는 다양한 자료를 서로 비교해 표와 그래프로 정리하기도 합니다. 뉴스의 일기 예보와 인구 통계를 본 적이 있지요? 자료의 정리와 표현에 대한 다양한 한자들도 배워 봅시다.

5·6급:

對	應	正	反	比	例
대할 대	응할 응	바를 정	돌이킬/돌아올 반	견줄 비	법식 례

比	率	比	例	式	
견줄 비	비율 율(률)/거느릴 솔	견줄 비	법식 례	법식	

比	例	配	分		
견줄 비	법식 례	나눌/짝 배	나눌 분		

資	料	分	類	圖	表
재물 자	헤아릴 료	나눌 분	무리 류	그림 도	겉 표

確	率	統	計	集	合
굳을 확	비율 율(률)/거느릴 솔	거느릴 통	셀 계	모을 집	합할 합

Chapter 01

4학년 2학기 규칙과 대응

對應 대응

왜 對應일까요?

대상이 어떤 관계에 의해 서로 짝이 되는 것을 대응이라 합니다.

→ 마주 대해(對) + 짝짓다(應) = 對應

교과서 펼쳐 보기

① 일정한 기준에 따라 서로 짝짓는 것을 (　　)이라 한다.
② 결과가 서로 겹치지 않는 사다리타기는 일대일 (　　)이다.

> 코끼리 한 마리는 하루에 400kg의 먹이를 먹을 수 있습니다. 코끼리의 수와 필요한 먹이의 양 사이에는 어떤 對應(대응) 관계가 있는지 알아보시오.

'대응'이란 무엇일까요?

대응(對應)은 대상이 어떤 관계나 규칙에 의해 서로 짝이 되는 것을 말합니다. 식탁을 차릴 때 사람 수와 젓가락 개수 사이의 對應을 생각해 볼까요? 한 명에 젓가락 두 짝씩 일정하게 늘어나지요. 이때 (사람 수)×2=(젓가락 수)의 관계를 알 수 있어요. 한편, 對應에도 여러 가지 종류가 있어요. 사다리타기처럼 겹치지 않게 모두 서로 하나씩 짝지어지면 일대일 대응(一對一 對應), 하나가 여럿에 짝지어지면 일대다 대응(一對多 對應), 여럿이 여럿에 짝지어지면 다대다 대응(多對多 大應)이라고 하지요.

한자 넓혀 보기

- 一對一 對應(일대일 대응): 겹치거나 남지 않고 하나가 다른 하나에 짝지어짐.
- 一對多 對應(일대다 대응): 하나가 여럿에 짝지어짐.
- 多對多 大應(다대다 대응): 여럿이 여럿에 짝지어짐.

자형의 원리

부수: 寸(마디촌) | 한자능력검정시험 6급 한자

대할 대

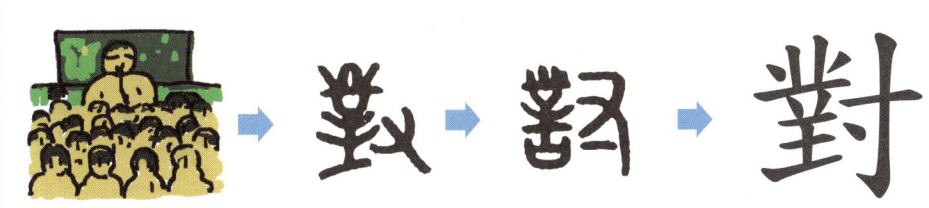

많은 사람이 자리에 앉아 정해진 규칙에 따라 묻고 '대답하다'는 뜻의 글자.

對	對	對	對	對	對	對	對	對	對
대할 대	대할 대	대할 대	대할 대	대할 대	대할 대	대할 대	대할 대	대할 대	대할 대

부수: 心(마음심) | 한자능력검정시험 4급 한자

응할 응

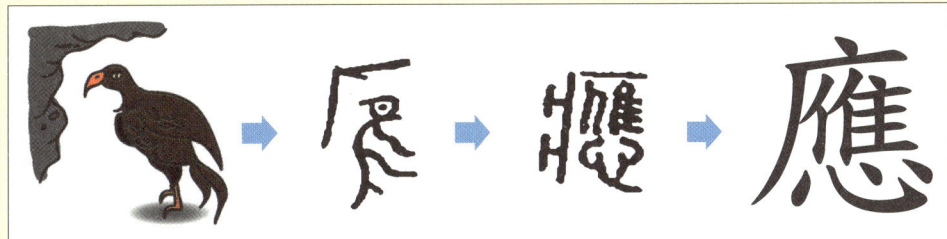

사람(亻=人)이 기르는 새(隹)는 마음(心)을 다해 주인을 따른다는 뜻에서 '응하다'가 된 글자.

應	應	應	應	應	應	應	應	應	應
응할 응	응할 응	응할 응	응할 응	응할 응	응할 응	응할 응	응할 응	응할 응	응할 응

對應
對應
對應
對應

Chapter 02

6학년 2학기 정비례와 반비례

正比例와 反比例
정비례와 반비례

왜 正比例와 反比例일까요?

한쪽이 커질 때 다른 쪽도 그와 같은 비로 커지는 것을 정비례라고 하고, 한쪽이 커질 때 다른 쪽이 그와 같은 비로 작아지면 반비례라고 합니다.

→ 바르게(正) + 비례하다(比例) = **正比例**

→ 반대로(反) + 비례하다(比例) = **反比例**

교과서 펼쳐 보기

① 한 값이 2배, 3배, 4배 … n배 늘어날 때 다른 값도 2배, 3배, 4배 … n배 늘어나는 관계를 (　　) 관계라고 한다.

② 어떤 값이 2배, 3배, 4배 … n배 늘어날 때 다른 값이 $\frac{1}{2}$배, $\frac{1}{3}$배, $\frac{1}{4}$배 … $\frac{1}{n}$배로 줄어들 때는 (　　) 관계라고 한다.

> 60개의 도토리를 원숭이들에게 나누어 주려고 한다. 원숭이들이 1마리, 2마리, 3마리, … 6마리까지 늘어날 때, 원숭이의 수와 원숭이들이 받을 수 있는 도토리 개수 사이에는 어떤 대응 관계가 있는지 알아보시오.

'정비례'와 '반비례'는 무엇일까요?

두 양 x, y에서 x가 2배, 3배, 4배 … n배 늘어날 때 y도 2배, 3배, 4배 … n배 늘어나는 관계를 정비례(正比例) 관계라고 해요. 이때 이 일정한 값 2, 3, 4 …는 비례상수(比例常數)라고 합니다. 반대로 두 양 x, y에서 x가 2배, 3배, 4배 … n배 늘어날 때 y가 $\frac{1}{2}$배, $\frac{1}{3}$배, $\frac{1}{4}$배 … $\frac{1}{n}$배로 줄어들 때는 반비례(反比例) 관계라고 하지요. 이때 x와 y는 x×y=2, x×y=3, x×y=4 …처럼 나타낼 수 있어요. 이때 이 2, 3, 4 …가 비례상수가 됩니다.

한자 넓혀 보기

■ 比例常數(비례상수): 두 수의 비가 일정할 때, 그 일정하게 유지되는 값.

자형의 원리

부수: 止(그칠지) | 한자능력검정시험 7급 한자

바를 정

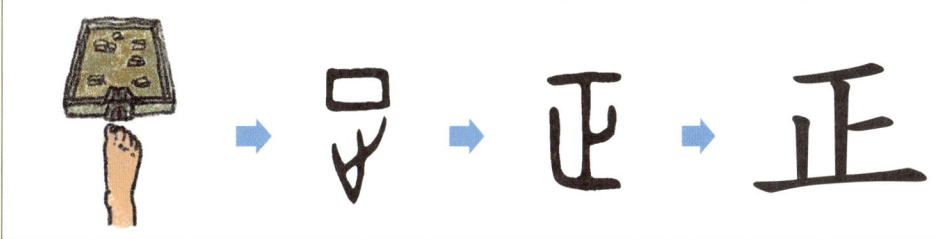

목표 지점을 향해 발을 내딛는 모습으로 공격 목표를 치기 위해 곧장 진격한다는 데서 '바르다, 바로잡다'를 나타낸 글자.

正	正	正	正	正	正	正	正	正	正	正	正
바를 정	바를 정	바를 정	바를 정	바를 정	바를 정	바를 정	바를 정	바를 정	바를 정	바를 정	바를 정

부수: 又(또우) | 한자능력검정시험 6급 한자

돌이킬/돌아올 반

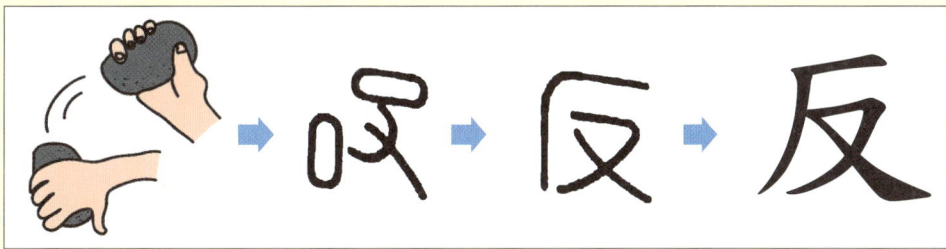

넓적한 돌을 손으로 뒤집었다 엎었다 하는 모양으로 어떤 것을 반대로 하거나 돌이킨다는 뜻을 나타낸 글자.

反	反	反	反	反	反	反	反	反	反	反	反
돌이킬 반	돌아올 반	돌이킬 반	돌아올 반	돌이킬 반	돌아올 반	돌이킬 반	돌아올 반	돌이킬 반	돌아올 반	돌이킬 반

正比例
正比例
反比例
反比例

비와 비율, 자료의 정리와 표현

Chapter 03

6학년 1학기 비와 비율

比와 比率 비와 비율

왜 比와 比率일까요?

두 수의 양을 기호 ':'을 사용하여 나타낼 때 비라고 합니다. 비율은 기준량에 대한 비교하는 양의 크기입니다.

→ | 비교(比) | | | = | 比 |

→ | 비교한(比) | + | 크기(率) | = | 比率 |

교과서 펼쳐 보기

① 여러 양을 비교한 것을 (　　)라고 한다.
② 비교하는 양을 기준량으로 나눈 값, 또는 비의 값을 (　　)이라 한다.

비(比)를 여러 가지 방법으로 읽어 보시오.
〈보기〉 3:2
① 3 대 2
② 2에 대한 3의 비
③ 3의 2에 대한 비
④ 3과 2의 비

'비'와 '비율'은 무엇일까요?

비(比)는 두 수를 기호 :을 사용하여 비교하는 것입니다. 比 3 : 2는 3이 2를 기준으로 몇 배인지를 나타내지요. 이때 3과 2를 比의 항(項)이라 하고 기호 : 앞에 있는 3을 전항(前項), 뒤에 있는 2를 후항(後項)이라고 합니다. 비가 세 개 이상 있으면 연비(連比)라고 하지요. 한편, 비율(比率)은 비교하는 양을 기준량으로 나눈 값입니다. 비율은 분수, 소수, 할푼리, 백분율(百分率)로 나타낼 수 있어요. 0.234는 2할 3푼 4리와 같지요. 백분율은 기호 %를 사용하여 나타냅니다.

비	비율			
	분수	소수	백분율	할푼리
1 : 2	$\frac{1}{2}$	0.5	50%	5할

한자 넓혀 보기

- 前項(전항): 둘 이상의 항 중 앞에 있는 항.
- 後項(후항): 둘 이상의 항 중 뒤에 있는 항.
- 連比(연비): 셋 이상의 수(양)를 연이어 비로 나타낸 것.
- 百分率(백분율): 100을 기준량으로 나타내는 비율.

자형의 원리

부수: 比(견줄비) | 한자능력검정시험 5급 한자

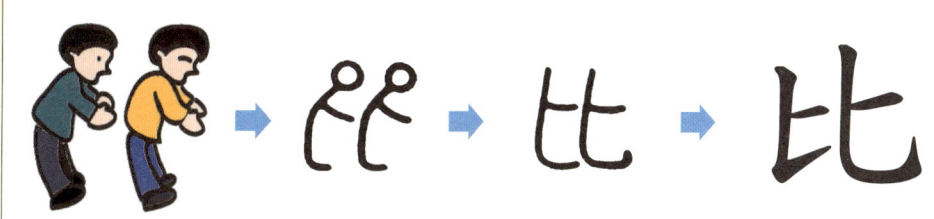

두 사람이 나란히 서 있어 비교하는 모양을 본뜬 글자로 '견주다'를 뜻하는 글자.

比	比	比	比	比	比	比	比	比	比	比
견줄 비	견줄 비	견줄 비	견줄 비	견줄 비	견줄 비	견줄 비	견줄 비	견줄 비	견줄 비	견줄 비

부수: 玄(검을현) | 한자능력검정시험 3급 한자

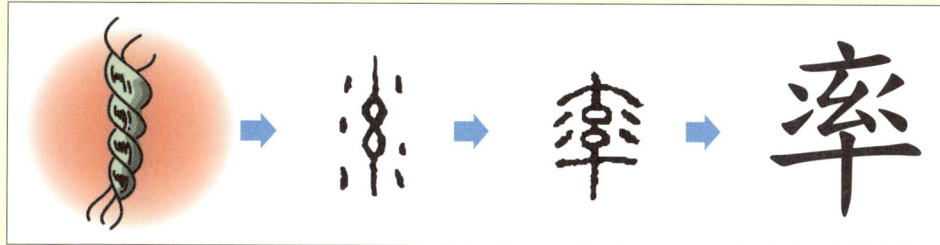

새끼(玄) 여러 타래(十)를 꼰 모습을 나타낸 글자. 옛날에는 밧줄을 길이를 잴 때 쓰기도 했기 때문에 발전하여 '비율'을 뜻하게 됨.

率	率	率	率	率	率	率	率	率	率
비율 율(률)	비율 율	비율 률	비율 율	비율 률	비율 율	비율 율	비율 률	비율 율	비율 률

比	率								
比	率								
比	率								
比	率								

비와 비율, 자료의 정리와 표현

Chapter 04

6학년 2학기 비례식과 비례배분

比例式 비례식

왜 比例式일까요?	비율이 같은 두 비를 나타내는 식을 비례식이라고 합니다. → 비례의(比例) + 식(式) = **比例式**
교과서 펼쳐 보기	① 등호를 사용하여 두 개의 비가 같음을 나타내는 식을 (　　)이라고 한다. ② (　　)의 각 항은 위치에 따라 외항과 내항이라고 한다. 다음 빈칸에 알맞은 수를 쓰시오. ■ 2 : 3 = (　　) : 6 ■ 5 : 7 = 20 : (　　)
'비례식'이란 무엇일까요?	비례식(比例式)은 비율이 같은 두 비를 등호를 사용하여 나타낸 식입니다. 1 : 2=2 : 4와 같은 식들이지요. 比例式 1 : 2=2 : 4에서 바깥쪽에 있는 두 항 1과 4를 외항, 안쪽에 있는 2들을 내항이라 합니다. 比例式에서 내항의 곱과 외항의 곱은 서로 같아요. 1×4와 2×2를 서로 비교해 보세요. 이 규칙을 이용하면 중간이 비어 있는 比例式이라도 안에 들어갈 수를 예측할 수 있어요.

자형의 원리

부수: 比(견줄비) | 한자능력검정시험 5급 한자

견줄 비

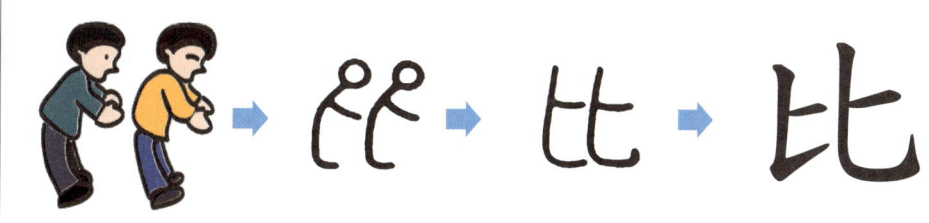

두 사람이 나란히 서 있어 비교하는 모양을 본뜬 글자로 '견주다'를 뜻하는 글자.

比 比 比 比 比 比 比 比 比 比 比
견줄 비

부수: 亻(사람인변) | 한자능력검정시험 6급 한자

법식 례

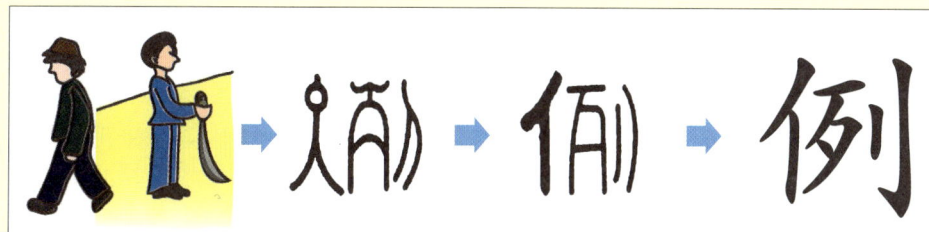

사람(亻=人)이 나란히 줄지어 서 있는(列) 모습의 글자로, 반듯하게 줄을 선 모습에서 '법식'의 뜻을 나타냄.

例 例 例 例 例 例 例 例 例 例 例
법식 례

부수: 弋(주살익) | 한자능력검정시험 6급 한자

법 식

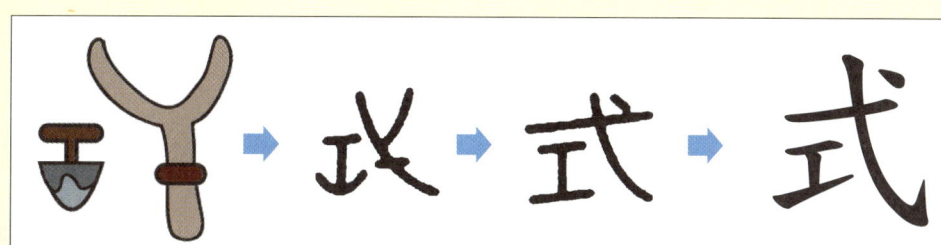

장인(工)이 물건을 만들 때 일정한 법칙에 따라 만들었다는 데서 '법'을 뜻하는 글자.

式 式 式 式 式 式 式 式 式 式 式
법 식

比 例 式

Chapter 05

6학년 2학기 비례식과 비례배분

比例配分 비례배분

왜 比例配分일까요?

전체를 주어진 비로 나누는 계산법을 비례배분이라 합니다.

→ 비례대로(比例) + 나누다(配分) = 比例配分

교과서 펼쳐 보기

① 전체를 주어진 비로 배분하는 것을 (　　　)이라고 한다.
② (　　　)을 할 때는 전항과 후항의 합을 이용하여 계산할 수 있다.

> 형과 동생이 12,000원을 2 : 1의 비로 나누려고 한다. 이를 어떻게 나눌 수 있을지 생각해 보시오.

'비례배분'이란 무엇일까요?

비례배분(比例配分)은 전체를 주어진 비로 나누는 계산법이에요. 주어진 비의 전항과 후항의 합을 분모로 하는 분수의 비로 고쳐서 계산하면 편리합니다. 12,000원을 2 : 1의 비로 나누려면 어떻게 해야 할까요? 한 명은 $\frac{2}{2+1}$ 만큼 갖게 되고, 다른 한 명은 $\frac{1}{2+1}$ 만큼 갖게 되지요. 그러니 형은 $12000 \times \frac{2}{2+1} = 8000$원, 동생은 $12000 \times \frac{1}{2+1} = 4000$원을 가지면 되어요.

자형의 원리

부수: 酉(닭 유) | 한자능력검정시험 4급 한자

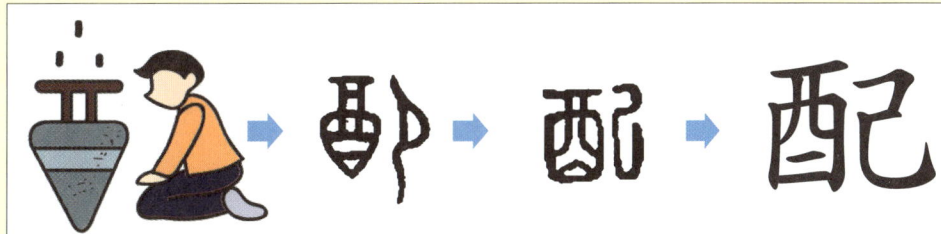

사람(己)이 술(酉) 단지를 늘어놓고 나눠 주는 모양에서 '나누다'의 뜻을 나타내는 글자.

配	配	配	配	配	配	配	配	配	配	配
나눌 배	짝 배	나눌 배	짝 배	나눌 배	짝 배	나눌 배	짝 배	나눌 배	짝 배	나눌 배

부수: 刀(칼 도) | 한자능력검정시험 6급 한자

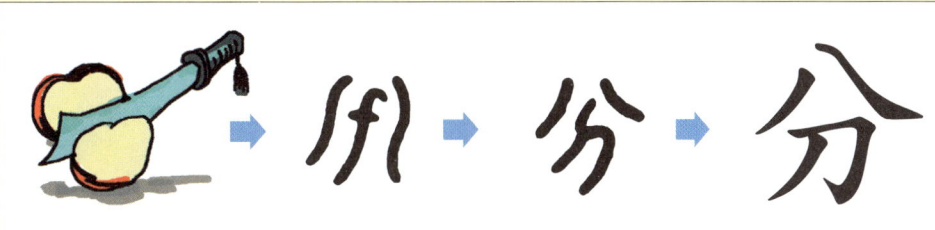

칼로 물건을 '나누다'는 뜻의 글자.

分	分	分	分	分	分	分	分	分	分	分
나눌 분	나눌 분	나눌 분	나눌 분	나눌 분	나눌 분	나눌 분	나눌 분	나눌 분	나눌 분	나눌 분

比	例	配	分							
比	例	配	分							
比	例	配	分							
比	例	配	分							

Chapter 06

3학년 2학기 자료의 정리

資料 자료

왜 資料일까요?

헤아릴 수 있는 바탕을 자료라고 합니다.

→ 바탕 삼아(資) + 헤아리다(料) = 資料

교과서 펼쳐 보기

① 연구나 조사의 바탕이 되는 재료를 (　　)라 한다.
② 통계청에서는 (　　)를 모아 다양한 도표로 나타낸다.

친구들이 태어난 계절을 알아보고, 이를 표로 나타내 보시오.	
이름	계절

'자료'란 무엇일까요?

자료(資料)는 연구나 조사의 바탕이 되는 재료를 말합니다. 친구들이 태어난 계절을 조사해서 표로 나타냈을 때, 친구와 친구가 태어난 계절은 資料가 되지요. 이 資料들을 표로 나타내거나, 각 계절별로 묶어서 그래프로 나타낼 수 있어요. 일기 예보를 보면 다양한 資料를 적절하게 활용하는 모습을 볼 수 있지요. 각 지역의 날씨와 기온, 습도 등을 한데 모아 한눈에 볼 수 있게 알려 준답니다.

자형의 원리

부수: 貝(조개패)　　한자능력검정시험 4급 한자

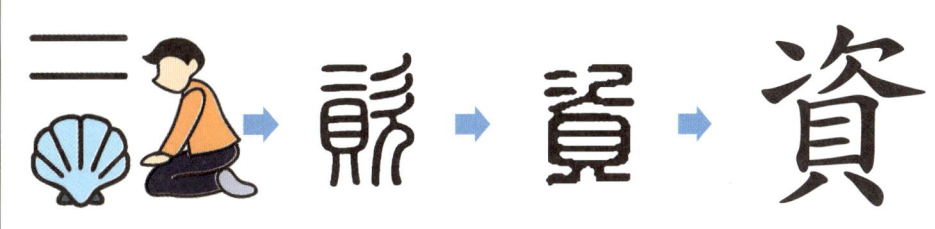

여러 가지(次) 모아서 갖추어진 물건(貝), 즉 '재물'을 뜻하는 한자.

資	資	資	資	資	資	資	資	資	資	資
재물 자	재물 자	재물 자	재물 자	재물 자	재물 자	재물 자	재물 자	재물 자	재물 자	재물 자

부수: 斗(말두)　　한자능력검정시험 5급 한자

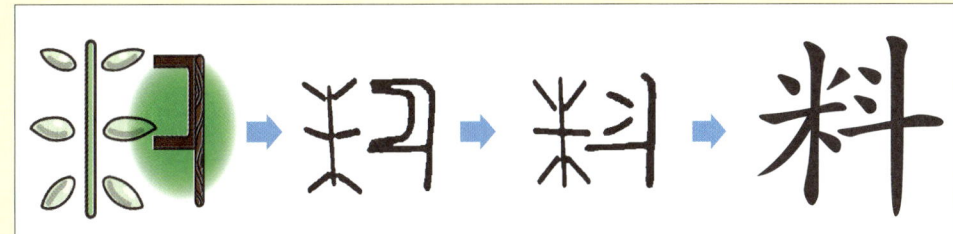

쌀(米)을 말(斗)로 헤아리는 뜻의 글자로, '헤아리다'를 뜻하는 한자.

料	料	料	料	料	料	料	料	料	料
헤아릴 료	헤아릴 료	헤아릴 료	헤아릴 료	헤아릴 료	헤아릴 료	헤아릴 료	헤아릴 료	헤아릴 료	헤아릴 료

資料

資料

資料

資料

Chapter 07

3학년 2학기 자료의 정리

分類 분류

왜 分類일까요?

같은 성질을 가진 것끼리 나누는 것을 분류라고 합니다.

→ 나누다(分) + 종류별로(類) = 分類

교과서 펼쳐 보기

① 같은 성질을 가진 것끼리 나누어 놓는 것을 ( )라 한다.
② 슈퍼마켓에 가면 물건을 종류별로 ( )해 진열한 것을 볼 수 있다.

친구들의 태어난 계절을 알아보고, 같은 계절에 태어난 친구들끼리 묶어 보시오.				
봄				
여름				
가을				
겨울				

'분류'란 무엇일까요?

분류(分類)란 같은 성질을 가진 것끼리 나누어 놓는 것이에요. 수학에서는 자료를 분류하고 그 결과를 표나 그래프로 나타내지요. 分類를 하면 어떤 것이 얼마나 있는지 쉽게 알 수 있어요. 방청소를 제때 하지 않으면 옷, 양말, 책, 장난감 등으로 방이 어지럽지요? 하지만 물건들을 分類해서 서랍 안에 차곡차곡 넣으면 방이 순식간에 깨끗해져요. 이렇게 分類는 일상생활에서도 매우 유용하게 쓰인답니다.

자형의 원리

부수: 刀(칼도) | 한자능력검정시험 6급 한자

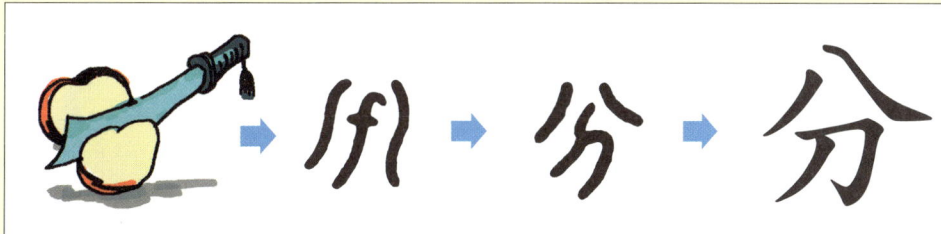

칼로 물건을 '나누다'는 뜻의 글자.

分	分	分	分	分	分	分	分	分	分	分
나눌 분	나눌 분	나눌 분	나눌 분	나눌 분	나눌 분	나눌 분	나눌 분	나눌 분	나눌 분	나눌 분

부수: 頁(머리혈) | 한자능력검정시험 5급 한자

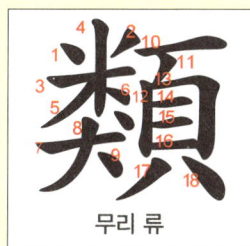
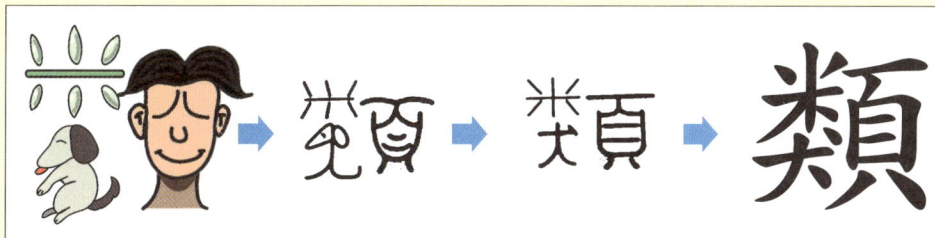

쌀(米)은 식물을, 개(犬)는 동물을, 머리(頁)는 사람을 대표한다 하여 그 '무리'를 뜻하는 글자.

類	類	類	類	類	類	類	類	類	類	類
무리 류	무리 류	무리 류	무리 류	무리 류	무리 류	무리 류	무리 류	무리 류	무리 류	무리 류

分類

分類

分類

分類

Chapter 08

3학년 2학기 자료의 정리

表와 圖表 표와 도표

왜 表와 圖表일까요?	조사한 자료를 칸 안에 정리한 것을 표, 그림으로 알아보기 쉽게 정리한 것을 도표라고 합니다. → 표(表) = 表 → 그림으로 나타낸(圖) + 표(表) = 圖表
교과서 펼쳐 보기	① 자료를 기준에 따라 칸 안에 정리한 것을 (　　)라고 한다. ② 자료를 정리해 그림으로 나타낸 것을 (　　)라고 한다. 다음 表(표)를 보고 기온의 변화를 꺾은선그래프로 나타내시오. {| 요일	월	화	수	목	금	토	일
---	---	---	---	---	---	---	---
기온(℃)	13	15	10	7	8	10	11	}
'표'와 '도표'는 무엇일까요?	표(表)와 도표(圖表)는 여러 가지 자료를 분석하여 한눈에 알아볼 수 있도록 나타낸 것입니다. 자료를 표로 나타내면 수량을 알기가 쉬워요. 圖表는 그래프(graph)라고도 하지요. 그래프는 자료가 많을 때도 한눈에 볼 수 있습니다. 그래프에는 그림그래프, 꺾은선그래프, 원그래프, 막대그래프 등 다양한 종류가 있답니다.

자형의 원리

부수: 囗(큰입구몸) | 한자능력검정시험 6급 한자

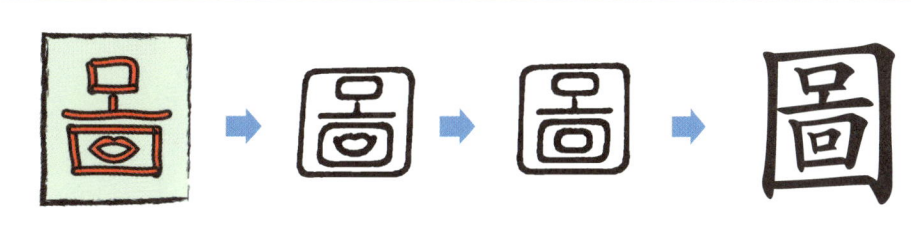

집과 울타리를 위에서 본 모습으로 마을을 그린 '지도' 혹은 그런 '그림'을 뜻하는 글자.

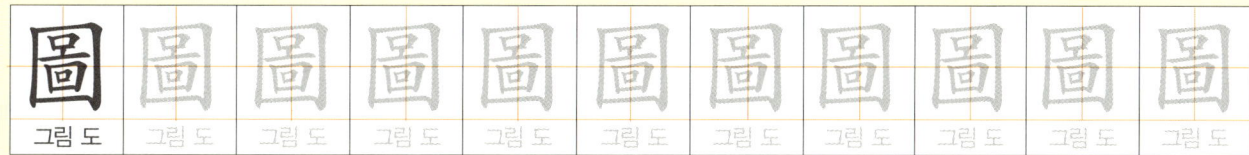

부수: 衣(옷의) | 한자능력검정시험 6급 한자

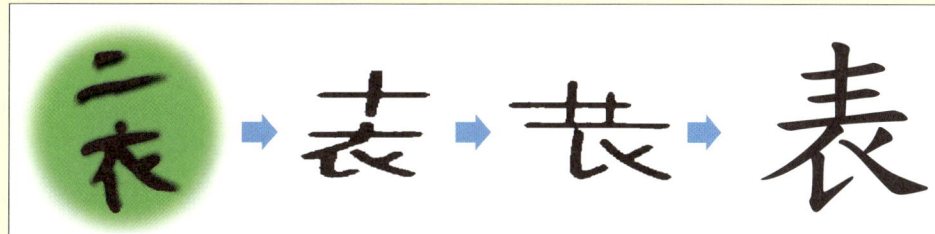

속옷 위에 입는 두 번째 옷이 겉옷이라 하여 '겉/가죽'을 뜻하고, 이후 '표/도표'의 의미가 더해진 글자.

비와 비율, 자료의 정리와 표현

Chapter 09

確率 확률

중등 과정

왜 確率일까요?

어떤 일이 확실하게 일어날 가능성의 정도를 확률이라고 합니다.

→ 어떤 일이 확실한(確) + 정도(率) = 確率

교과서 펼쳐 보기

① 어떤 일이 생길 가능성을 (　　)이라고 한다.
② "내일 비가 올까, 오지 않을까?"
　"강수(　　)을 확인하면 되지. 비가 내릴 (　　)이 70%니, 우산을 챙기는 것이 좋겠다."

> 동전을 던졌을 때, 동전이 앞면을 위로 하여 떨어질 가능성을 어떤 수로 나타낼 수 있을지 생각해 보시오.

'확률'이란 무엇일까요?

확률(確率)은 어떤 일이 확실하게 일어날 가능성의 정도를 뜻합니다. 確率은 0에서 1 사이의 값을 가져요. 한편, 어떤 일이 일어날 수 있는 가짓수를 경우의 수(境遇의 數)라고 부릅니다. 동전을 던지면 앞면이 나오거나, 뒷면이 나오죠? 이때의 경우의 수는 2입니다. 그렇기에 동전을 던졌을 때 앞면이 나올 確率은 2분의 1, 뒷면이 나올 確率도 2분의 1이랍니다. 모든 경우의 確率을 합하면 언제나 1이 되지요.

자형의 원리

부수: 石(돌 석) | 한자능력검정시험 4급 한자

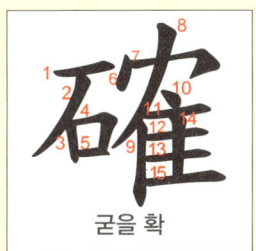
굳을 확

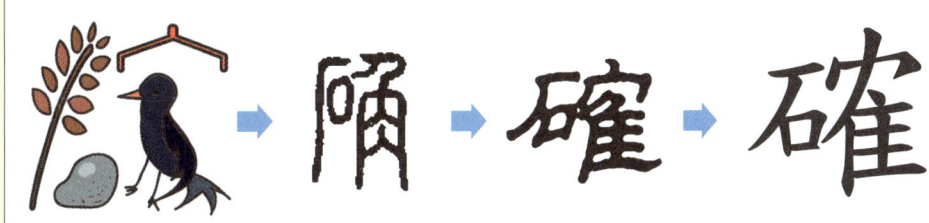

높이 날아오르는 새(口)의 의지는 돌(石)같이 굳다고 해서 '굳다'를 뜻하는 글자.

確	確	確	確	確	確	確	確	確	確	確
굳을 확	굳을 확	굳을 확	굳을 확	굳을 확	굳을 확	굳을 확	굳을 확	굳을 확	굳을 확	굳을 확

부수: 玄(검을 현) | 한자능력검정시험 3급 한자

비율 율(률)/거느릴 솔

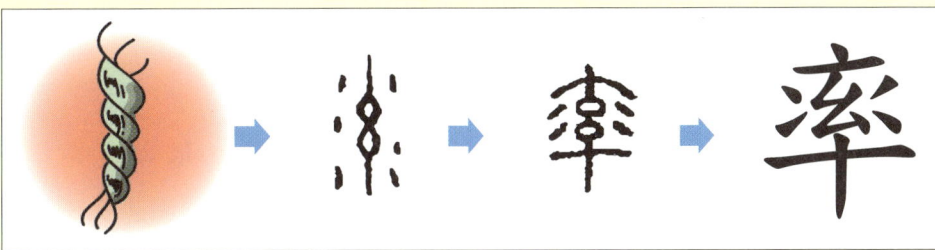

새끼(玄) 여러 타래(十)를 꼰 모습을 나타낸 글자. 옛날에는 밧줄을 길이를 잴 때 쓰기도 했기 때문에 발전하여 '비율'을 뜻하게 됨.

率	率	率	率	率	率	率	率	率	率	率
비율 율(률)	비율 율	비율 률	비율 율	비율 률	비율 율	비율 률	비율 율	비율 률	비율 율	비율 률

確率										
確率										
確率										
確率										

Chapter 10

중등 과정

統計 통계

왜 統計일까요?

어떤 현상을 모아서 수치로 나타내는 것을 통계라고 합니다.

→ | 한데 모아(統) | + | 세다(計) | = | 統計 |

교과서 펼쳐 보기

① 어떤 현상을 한눈에 알아보기 쉽게 수치로 나타내는 것을 (　　)라고 한다.
② (　　) 자료를 표와 그래프를 사용하여 조사·분석할 수 있다.

統計廳(통계청) 누리집에 접속해서 어떤 統計(통계) 자료들이 있는지 찾아보시오.

'통계'란 무엇일까요?

통계(統計)란 어떤 현상을 한눈에 알아보기 쉽게 수치로 나타내는 것입니다. 텔레비전의 일기 예보를 보면 각 지역의 오늘과 내일 기온, 강우량, 풍속 등이 나오지요? 이것들이 모두 統計라고 할 수 있어요. 여러 가지 統計 자료들은 표와 그래프로 정리할 수 있습니다. 통계청(統計廳) 누리집(http://kostat.go.kr)에 들어가면 주제별, 시기별로 다양한 統計 자료들을 볼 수 있답니다.

자형의 원리

부수: 糸 (실사변) | 한자능력검정시험 4급 한자

꽉 찬(充) 실타래(糸)를 나타내는 글자로 큰 줄거리, 또는 그 줄거리를 '거느리다'는 뜻의 글자.

부수: 言(말씀언) | 한자능력검정시험 6급 한자

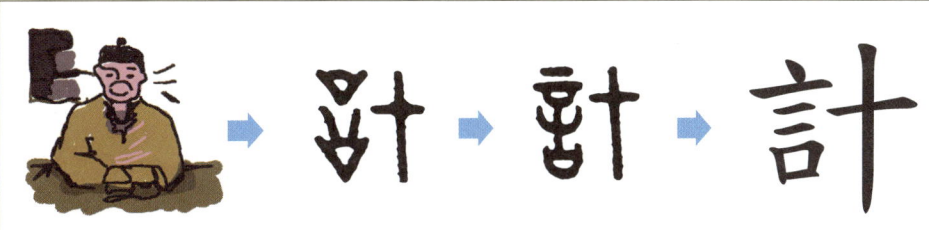

묶음의 기본이 되는 '십'을 한 단위로 헤아려서 꾀하니 '셈하다'는 뜻의 글자.

Chapter 11

集合 집합

고등 과정

왜 集合일까요?

일정한 기준에 따라 모인 것을 집합이라 합니다.

→ 모아서(集) + 합하다(合) = 集合

교과서 펼쳐 보기

① 어떤 조건에 들어맞는 것들의 모임을 (   )이라고 한다.
② (   ) 사이의 관계는 벤 다이어그램을 통해 간단하게 나타낼 수 있다.

> 다음 벤 다이어그램을 보고 보기의 숫자들을 알맞은 곳에 써넣으시오.
> 〈보기〉 2 3 4 6 7 8 12
>
> 2의 배수   3의 배수

'집합'이란 무엇일까요?

집합(集合)은 어떤 조건에 들어맞는 것들의 모임입니다. 집합을 나타낼 때는 {2,4}와 같이 기호 안에 집합에 포함되는 대상들을 넣습니다. 집합을 만들 때는 바른 기준을 세워야 합니다. '2의 배수', '키 150cm 이상인 학생'은 집합이 될 수 있지만 '공부를 잘하는 학생', '작은 수'는 집합이 될 수 없습니다. 공부를 얼마나 잘해야 공부를 잘하는 학생인지, 얼마나 작아야 작은 수인지 모르기 때문이지요.

한자 넓혀 보기

- 基準(기준): 기본이 되는 표준.

자형의 원리

부수: 隹(새추) | 한자능력검정시험 6급 한자

모을 집

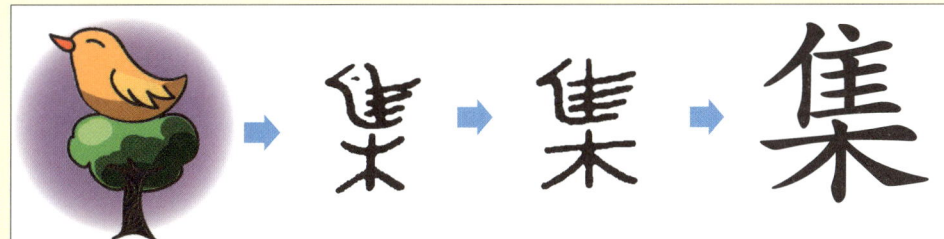

나무(木) 위에 새(隹)가 모여서 앉아 있는 것을 나타내 '모이다'를 뜻하는 글자.

集	集	集	集	集	集	集	集	集	集	集
모을 집	모을 집	모을 집	모을 집	모을 집	모을 집	모을 집	모을 집	모을 집	모을 집	모을 집

부수: 口(입구) | 한자능력검정시험 6급 한자

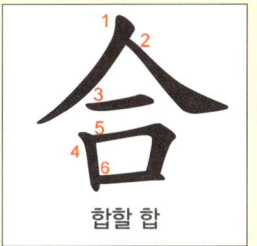
합할 합

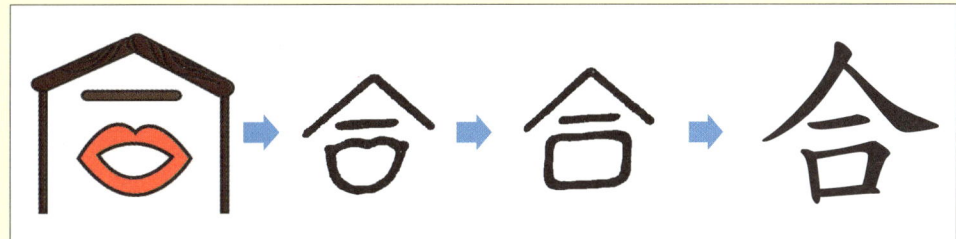

집 안에서 목소리를 하나로 모은다는 데서 '합하다'를 뜻하는 글자.

合	合	合	合	合	合	合	合	合	合	合
합할 합	합할 합	합할 합	합할 합	합할 합	합할 합	합할 합	합할 합	합할 합	합할 합	합할 합

集合
集合
集合
集合

PART 05

수학 학습 한자

'다음 문제를 잘 읽고, 문제를 해결할 방법을 생각해 보시오.'
문제를 풀다 보면 마주치는 문장들, 이 속에 얼마나 많은 한자가 들어 있을까요? 수학 학습에 필요한 한자들을 알면 문제를 낸 의도를 이해할 수 있고, 바른 답을 찾기도 한층 더 쉬워집니다. 원리, 해결, 결과 등 다양한 기초 한자를 알아봅시다.

5·6급:

番	號	該	當	原	理
차례 번	이름 호	갖출/마땅 해	마땅 당	언덕/근원 원	다스릴 리

說	明	練	習	解	決
말씀 설	밝을 명	익힐 련	익힐 습	풀 해	결단할 결

結	果	基	本	注	意
맺을 결	열매 과	터 기	근본 본	부을 주	뜻 의

方	法	評	價	部	分
모 방	법 법	평할 평	값 가	떼/거느릴 부	나눌 분

利	用	科	目
이로울 리	쓸 용	과목 과	눈 목

Chapter 01

番號 번호

왜 番號일까요?

차례를 부르는 것을 번호라고 합니다.

→ 차례를(番) + 부르다(號) = 番號

교과서 펼쳐 보기

① 차례를 나타내거나 식별하기 위해 붙이는 숫자를 (　　)라 한다.
② 운동 경기에서 각 선수들은 자신만의 (　　)를 가진다.

- 1番(번)부터 차례대로 문제를 풀어 보시오.
- 그 선수의 番號(번호)는 11번이야.

'번호'란 무엇일까요?

"나는 3학년 5반 12번입니다."같이, 학교에 들어가면 가장 먼저 외우는 것이 학년, 반, 그리고 번호(番號)지요. 番號는 숫자로 이루어져요. 1번, 2번, 3번… 수학에서는 보통 문제에 番號를 매깁니다. 番號를 매기면 빠진 것은 없는지 쉽게 알 수 있고, 특정한 대상을 더 쉽게 찾을 수 있답니다.

자형의 원리

부수: 田(밭전) | 한자능력검정시험 6급 한자

 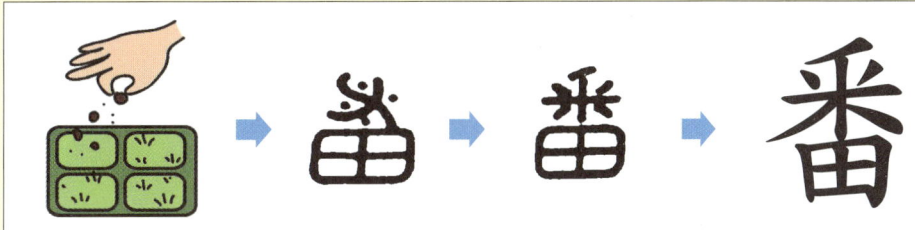

논밭(田)에 차례로 씨앗을 뿌리는 모습(采)을 더하여 '차례'를 뜻하는 글자.

番	番	番	番	番	番	番	番	番	番	番
차례 번	차례 번	차례 번	차례 번	차례 번	차례 번	차례 번	차례 번	차례 번	차례 번	차례 번

부수: 虍(범호엄) | 한자능력검정시험 6급 한자

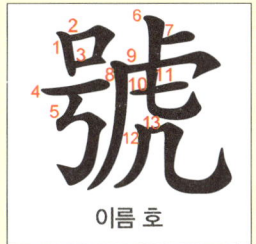 

호랑이가 크게 울부짖는 것처럼 멀리 있는 사람의 이름을 크게 부른다는 뜻의 글자.

號	號	號	號	號	號	號	號	號	號
이름 호	이름 호	이름 호	이름 호	이름 호	이름 호	이름 호	이름 호	이름 호	이름 호

番號
番號
番號
番號

Chapter 02

該當 해당

왜 該當일까요?

조건을 갖추어 마땅히 들어맞는 것을 해당이라고 합니다.

→ 조건을 갖추어(該) + 마땅히(當) 들어맞다 = 該當

교과서 펼쳐 보기

① 어떤 조건에 들어맞는 것을 (　　)이라 한다.
② (　　)은 '들어맞음'으로 순화할 수 있다.

- 該當(해당)하는 숫자를 모두 쓰시오.
- 該當(해당) 사항 없음.

'해당'이란 무엇일까요?

'문제에 해당(該當)하는 답을 고르시오.'처럼 공부를 하다 보면 종종 '該當'이라는 말을 보게 됩니다. 어떤 범위나 조건 따위에 꼭 들어맞는 것을 해당(該當)이라고 합니다. '들어맞음'이라고 할 수도 있어요. 문제를 풀기 위해 거기에 該當하는 적절한 답을 골라야 합니다.

자형의 원리

부수: 言(말씀언) | 한자능력검정시험 3급 한자

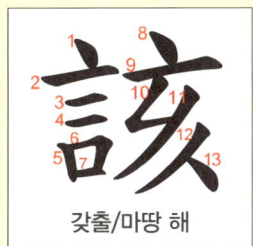
갖출/마땅 해

한데 모아(亥) 말(言)로 명령을 내린다는 뜻에서 모양을 '갖추다', 따라 '마땅하다'를 나타내는 글자.

該	該	該	該	該	該	該	該	該	該	該
갖출 해	마땅 해	갖출 해	마땅 해	갖출 해	마땅 해	갖출 해	마땅 해	갖출 해	마땅 해	갖출 해

부수: 田(밭전) | 한자능력검정시험 5급 한자

마땅 당

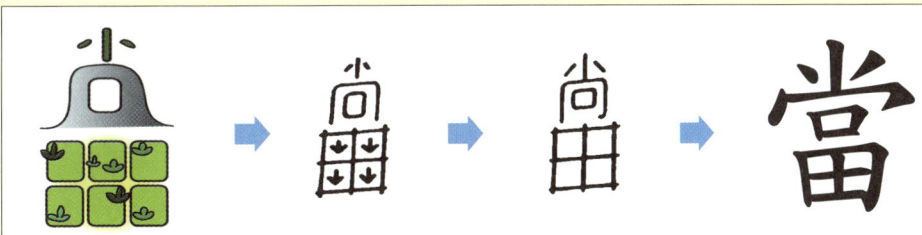

곡물을 주는 밭의 가치를 높게 생각하는 것이 '마땅하다'는 뜻의 글자.

當	當	當	當	當	當	當	當	當	當	當
마땅 당	마땅 당	마땅 당	마땅 당	마땅 당	마땅 당	마땅 당	마땅 당	마땅 당	마땅 당	마땅 당

該當
該當
該當
該當

Chapter 03

原理 원리

왜 原理일까요?

근본이 되는 이치를 원리라고 합니다.

→ | 근본(原) | + | 이치(理) | = | 原理 |

교과서 펼쳐 보기

① 사물의 근본이 되는 이치를 (   )라 한다.
② '(   ) 원칙'이라는 말처럼, 어떤 행위의 규범을 (   )라고 하기도 한다.

- 학습 목표: 덧셈과 뺄셈의 계산 原理(원리)를 이해할 수 있다.
- 과학자들은 사물의 原理(원리)를 알아내려는 사람들이에요.

'원리'란 무엇일까요?

'아르키메데스의 원리(原理)'를 들어본 적이 있나요? 아르키메데스는 그리스의 수학자예요. 어느 날 목욕탕에서 물이 탕 밖으로 넘치는 모습을 본 아르키메데스는 '유레카'라고 외치며 밖으로 뛰어나갔습니다. 자신이 물에 들어갈 때 자신의 부피만큼 물이 넘친다는 사실을 발견했기 때문이지요. 이것이 바로 부력의 原理랍니다. 아르키메데스가 물에 들어가도, 아르키메데스의 친구가 들어가도, 금덩이가 들어가도 물은 들어간 대상의 부피만큼 넘쳐요. 이처럼 原理는 사물이 작동하는 근본이라고 할 수 있습니다.

자형의 원리

부수: 厂(민엄호) | 한자능력검정시험 5급 한자

언덕/근원 원

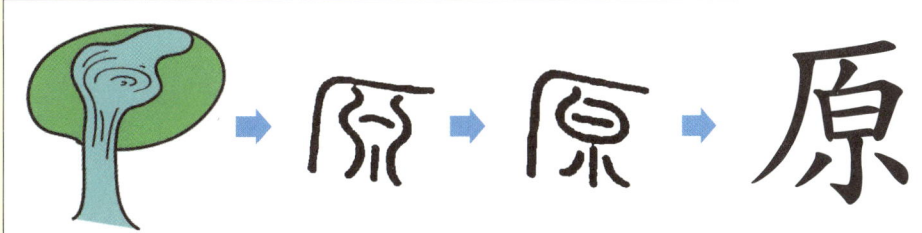

언덕에서 솟아 나오는 샘을 나타내는 글자. 물이 흘러나오는 '근원'의 뜻.

原	原	原	原	原	原	原	原	原	原	原
언덕 원	근원 원	언덕 원	근원 원	언덕 원	근원 원	언덕 원	근원 원	언덕 원	근원 원	언덕 원

부수: 王(구슬옥변) | 한자능력검정시험 6급 한자

다스릴 리

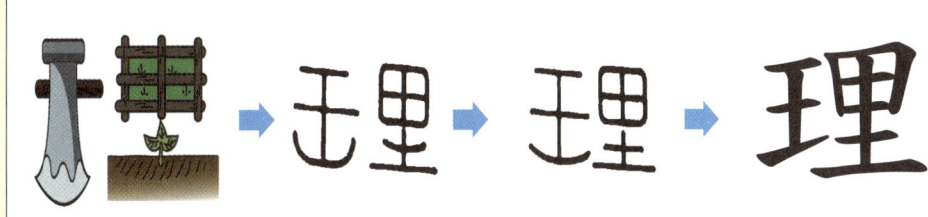

임금(王)이 마을(里)을 올바로 '다스리다'를 뜻하는 글자.

理	理	理	理	理	理	理	理	理	理
다스릴 리	다스릴 리	다스릴 리	다스릴 리	다스릴 리	다스릴 리	다스릴 리	다스릴 리	다스릴 리	다스릴 리

原	理									
原	理									
原	理									
原	理									

說明 설명

왜 說明일까요?	말로 명확하게 하는 것을 설명이라 합니다.

→ 　말로(說)　 + 　명확하게 하다(明)　 = 　說明

교과서 펼쳐 보기

① (　　　)은 상대편이 잘 알 수 있도록 밝혀 말하는 것이다.
② 글의 종류 중 (　　　)문은 지식이나 정보를 잘 전달하기 위해 쉽게 풀어 쓴 글이다.

- 생활에서 분수가 사용되는 경우를 찾아 說明(설명)해 보시오.
- 물건을 처음 사면 사용 說明書(설명서)를 꼼꼼하게 읽어야 해.

'설명'이란 무엇일까요?

설명(說明)은 상대편이 잘 알 수 있도록 밝혀 말하는 것입니다. 수학 문제를 풀 때 막히면 우리는 풀이를 봅니다. 이 풀이는 문제를 어떻게 푸는지 說明해요. 이밖에도 일상에서 다양한 說明文을 찾아볼 수 있습니다. 사용 說明書, 신문 기사, 사전 등에 우리의 이해를 돕는 說明이 실려 있답니다.

자형의 원리

부수: 言(말씀언) | 한자능력검정시험 5급 한자

말씀 설

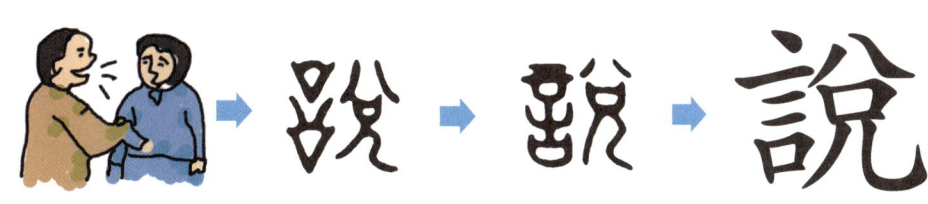

상대방이 기뻐하도록 자세히 밝히고 달래어서 이야기하는 '말씀'을 나타내는 글자.

說	說	說	說	說	說	說	說	說	說
말씀 설	말씀 설	말씀 설	말씀 설	말씀 설	말씀 설	말씀 설	말씀 설	말씀 설	말씀 설

부수: 日(날일) | 한자능력검정시험 6급 한자

밝을 명

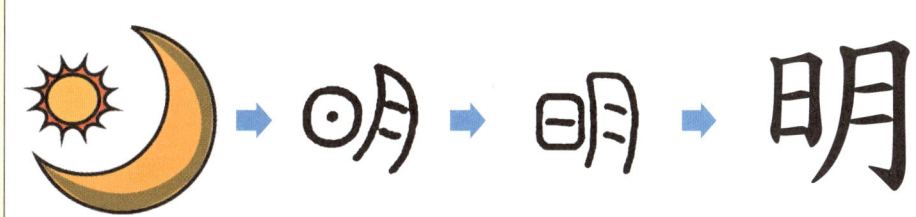

낮에는 해, 밤에는 달이 밝게 비춰 준다는 의미의 글자.

明	明	明	明	明	明	明	明	明	明
밝을 명	밝을 명	밝을 명	밝을 명	밝을 명	밝을 명	밝을 명	밝을 명	밝을 명	밝을 명

說明									
說明									
說明									
說明									

수학 학습 한자

Chapter 05

練習 연습

왜 練習일까요?

되풀이해서 익히는 것을 연습이라 합니다.

→ 익히고(練) + 익히다(習) = 練習

교과서 펼쳐 보기

① 어떤 일에 익숙하도록 되풀이하여 익히는 것을 (　　)이라 한다.
② 악기를 잘 연주하기 위해서는 끊임없는 (　　)이 필요하다.

- 練習(연습) 문제를 풀어 봅시다.
- 나는 매일 피아노 練習(연습)을 해.

'연습'이란 무엇일까요?

연습(練習)은 어떤 일을 계속 되풀이해서 익히는 것을 말해요. 무엇이든지 잘하기 위해서는 많은 練習이 필요합니다. 수학도 마찬가지예요. 수학책으로 공부하고 수학 익힘책으로 더 많은 문제를 풀어 보지요? 쉬운 練習 문제를 여러 번 풀어야 나중에 어려운 문제도 척척 해결할 수 있어요.

자형의 원리

부수: 糸 (실사변) | 한자능력검정시험 5급 한자

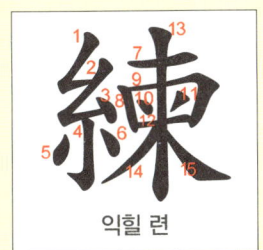
익힐 련

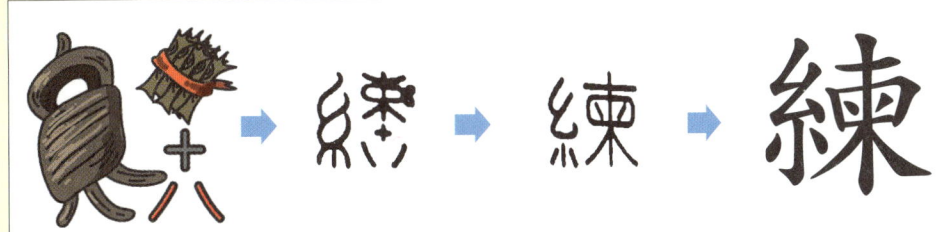

실타래(糸)에서 나쁜 것을 분별하기 위해 잿물에 여러 번 삶아 익힌다는 의미에서 '익히다'를 뜻하는 글자.

練	練	練	練	練	練	練	練	練	練
익힐 련	익힐 련	익힐 련	익힐 련	익힐 련	익힐 련	익힐 련	익힐 련	익힐 련	익힐 련

부수: 羽(깃우) | 한자능력검정시험 6급 한자

익힐 습

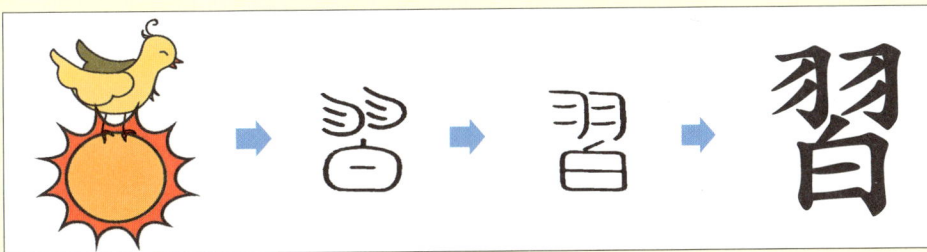

어린 새가 날개(羽)를 퍼드덕거려 스스로(自→白)날기를 연습한다 하여 '익히다'를 뜻하는 글자.

習	習	習	習	習	習	習	習	習	習
익힐 습	익힐 습	익힐 습	익힐 습	익힐 습	익힐 습	익힐 습	익힐 습	익힐 습	익힐 습

練	習							
練	習							
練	習							
練	習							

Chapter 06

解決 해결

왜 解決일까요?	얽힌 것을 풀어서 끝내는 것을 해결이라고 합니다. → 풀어서(解) + 끝맺다(決) = 解決
교과서 펼쳐 보기	① 얽힌 일을 풀어 처리하는 것을 (　　)이라 한다. ② 문제를 풀어서 결말을 짓는 것을 (　　)이라 한다. ■ 문제를 어떻게 解決(해결)할 수 있을까? ■ 解決(해결)한 방법이 맞았는지 확인해 보시오.
'해결'이란 무엇일까요?	해결(解決)은 뒤엉킨 일을 풀어서 끝을 맺는 것을 뜻해요. 수학에서는 문제를 풀고 바른 답을 찾을 때 '문제를 解決한다'고 하지요. 문제와 解決은 언제나 한 쌍처럼 붙어 다녀요. 수학은 우리 일상의 여러 가지 문제를 解決하기 위한 학문이기도 합니다.

자형의 원리

부수: 角(뿔각) | 한자능력검정시험 4급 한자

풀 해

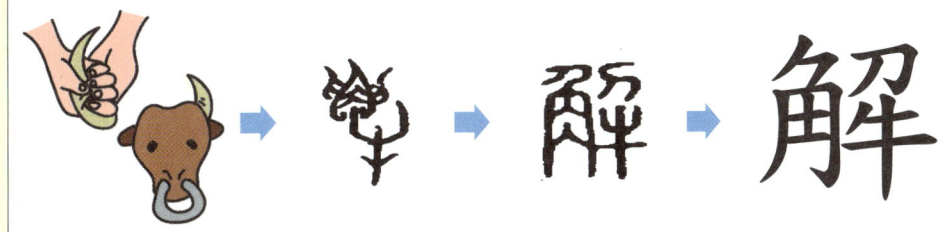

소의 살과 뼈를 따로 바르는 데서 물건을 '풀어 헤치다, 가르다'를 뜻하는 글자.

解	解	解	解	解	解	解	解	解	解
풀 해	풀 해	풀 해	풀 해	풀 해	풀 해	풀 해	풀 해	풀 해	풀 해

부수: 氵(삼수변) | 한자능력검정시험 5급 한자

결단할 결

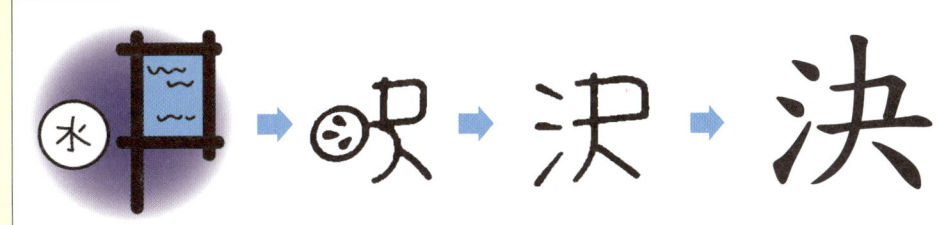

물꼬(氵=水)가 잘 트이도록 결단하여 정하였다는 데서 '정하다'를 뜻하는 글자.

決	決	決	決	決	決	決	決	決	決
결단할 결	결단할 결	결단할 결	결단할 결	결단할 결	결단할 결	결단할 결	결단할 결	결단할 결	결단할 결

解決

解決

解決

解決

수학 학습 한자

Chapter 07

結果 결과

왜 結果일까요?

맺은 결말을 결과라 합니다.

→ | 맺은(結) | + | 결말(果) | = | 結果 |

교과서 펼쳐 보기

① 열매를 맺는 것을 (　　) 라고 한다.
② 어떤 원인으로 결말이 생기면 이를 (　　) 라고 한다.

- 사건의 원인과 結果(결과)를 묶어 인과관계라고 한다.
- 노력한 結果(결과) 시험에서 좋은 점수를 받을 수 있었다.

'결과'란 무엇일까요?

결과(結果)는 어떤 원인으로 생긴 결말을 말합니다. 시험을 보았을 때 나온 성적은 시험 結果, 문제를 풀었을 때 나온 답은 문제를 푼 結果지요. 원인과 결과(原因과 結果)라는 말을 들어 본 적이 있을 거예요. 모든 結果에는 그 원인이 있답니다. 공부하다가 막히는 것이 있거든 왜 그런지 차근차근 거슬러 올라가 그 원인을 찾아야 해요.

한자 넓혀 보기

- 原因(원인): 어떤 일의 근본이 된 일이나 사건.

132 수학 시간에 한자 쓰기

자형의 원리

부수: 糸 (실사변) | 한자능력검정시험 5급 한자

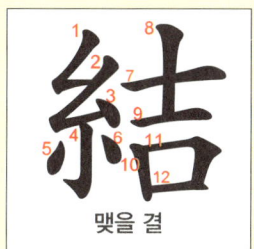

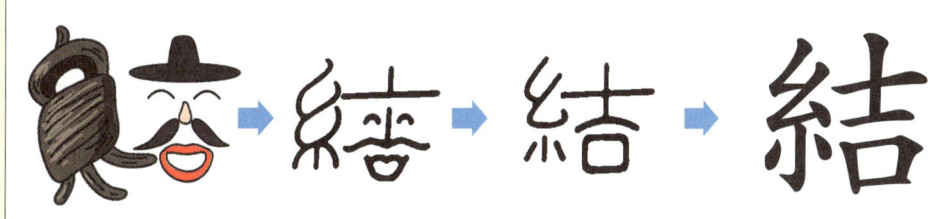

공부를 많이 한 선비가 하는 말은 항상 옳고 좋아 그 가르침을 잊지 않기 위해 실로 매듭을 '맺다'는 뜻의 글자.

結	結	結	結	結	結	結	結	結	結
맺을 결	맺을 결	맺을 결	맺을 결	맺을 결	맺을 결	맺을 결	맺을 결	맺을 결	맺을 결

부수: 木(나무목) | 한자능력검정시험 6급 한자

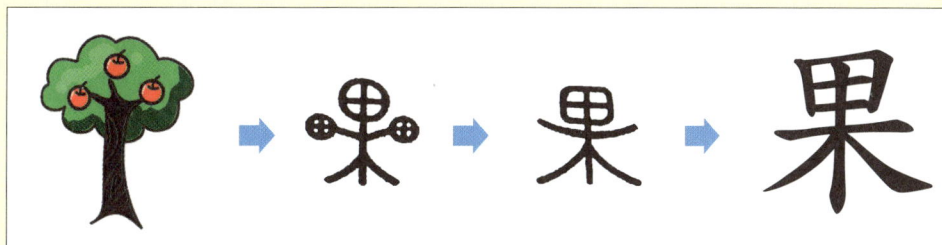

나무 위에 열매가 열린 모양을 본뜬 글자. 열매를 맺는다는 데서 일의 '결과'를 뜻하게 되었음.

果	果	果	果	果	果	果	果	果	果
열매 과	열매 과	열매 과	열매 과	열매 과	열매 과	열매 과	열매 과	열매 과	열매 과

結果

結果

結果

結果

Chapter 08

基本 기본

왜 基本일까요?

기초와 근본을 기본이라 합니다.

→ | 기초(基) | + | 근본(本) | = | 基本 |

교과서 펼쳐 보기

① 사물이나 현상, 이론, 시설 따위의 기초와 근본을 (　　)이라 한다.
② (　　)과 비슷한 말로 기초, 바탕, 근본, 토대 등이 있다.

- 수학의 基本(기본)은 수와 숫자다.
- 무슨 일을 하든지 基本(기본)에 충실해야 한다.

'기본'이란 무엇일까요?

사물의 근본을 기본(基本)이라 합니다. 모든 과목이 그러하듯이, 수학도 基本부터 차근차근 단계를 밟아가는 것이 중요합니다. 교과서나 문제집을 보면 '기본 개념(基本 槪念)'이라는 말이 나오지요? 우리가 문제를 풀기 위해 꼭 알아야 하는 것들을 말해요. 基本을 꼼꼼하게 공부하세요.

한자 넓혀 보기

- 槪念(개념): 어떤 사물이나 현상에 대한 일반적인 지식.

자형의 원리

부수: 土(흙토) | 한자능력검정시험 5급 한자

터 기

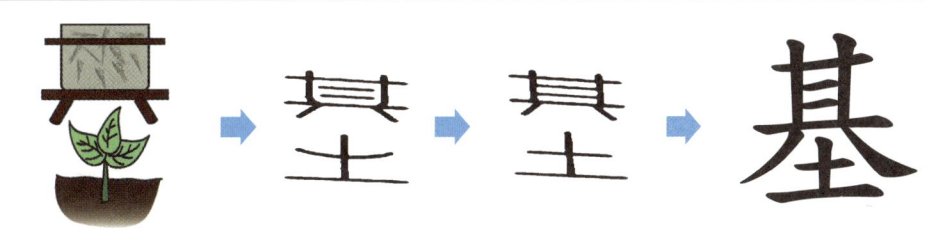

가마니(其)로 흙(土)을 날라 집 지을 터를 만든다는 뜻에서 '터'를 뜻하는 한자.

基	基	基	基	基	基	基	基	基	基	基
터 기	터 기	터 기	터 기	터 기	터 기	터 기	터 기	터 기	터 기	터 기

부수: 木(나무목) | 한자능력검정시험 6급 한자

근본 본

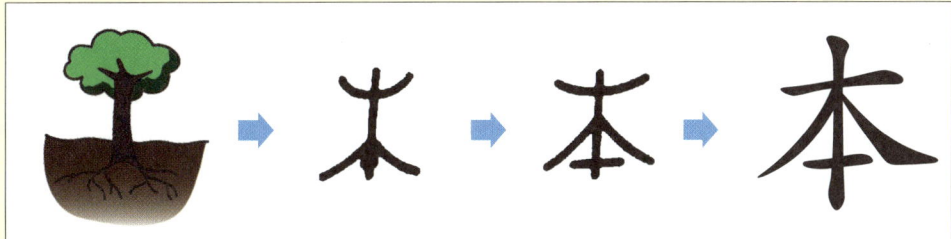

나무(木) 아래쪽에 표를 붙여 나무의 뿌리 밑을 나타냄. 나무의 기초가 되는 '근본'이라는 뜻의 글자.

本	本	本	本	本	本	本	本	本	本	本
근본 본	근본 본	근본 본	근본 본	근본 본	근본 본	근본 본	근본 본	근본 본	근본 본	근본 본

基	本										
基	本										
基	本										
基	本										

수학 학습 한자

Chapter 09

注意 주의

왜 注意일까요?

물 흐르듯이 뜻을 한곳으로 모으는 것을 주의라 합니다.

→ 흐르듯이(注) + 뜻을(意) 모으다 = 注意

교과서 펼쳐 보기

① 마음에 새겨 조심하는 것을 (　　)라 한다.
② 민주주의, 제국주의 등에 쓰이는 (　　)(主義)와 헷갈리지 말아야 한다.

- 숫자에 注意(주의)해서 문제를 풀어 보세요.
- 길을 건널 때는 차가 오지 않는지 注意(주의)해서 살펴봐야 한다.

'주의'란 무엇일까요?

주의(注意)는 마음에 단단히 새겨 조심하는 것을 말해요. 도로 근처의 '자동차 注意', 추운 겨울날 '빙판注意' 표지판을 보면 그 쓰임새를 알 수 있지요. 수학을 공부할 때면 숫자를 잘못 보거나, 계산을 잘못할 때가 있어요. 언제나 실수가 없도록 注意해야 합니다.

자형의 원리

부수: 氵(삼수변) | 한자능력검정시험 6급 한자

부을 주

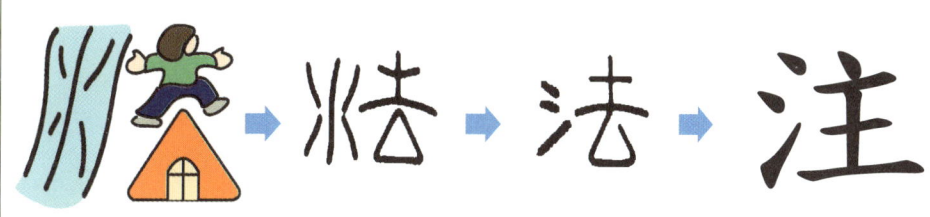

물(氵=水)이 한군데로(主) 흐른다 해서 '붓다'를 나타낸 글자.

注	注	注	注	注	注	注	注	注	注
부을 주	부을 주	부을 주	부을 주	부을 주	부을 주	부을 주	부을 주	부을 주	부을 주

부수: 心(마음심) | 한자능력검정시험 6급 한자

뜻 의

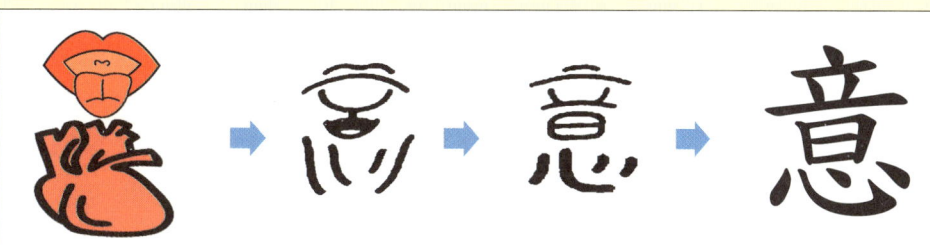

마음(心)에 생각하는 일은 말(音)로 '뜻'을 나타낸다는 의미의 글자.

意	意	意	意	意	意	意	意	意	意
뜻 의	뜻 의	뜻 의	뜻 의	뜻 의	뜻 의	뜻 의	뜻 의	뜻 의	뜻 의

注意
注意
注意
注意

수학 학습 한자

Chapter 10

方法 방법

왜 方法일까요?

어떤 일을 하는 방식을 방법이라고 합니다.

→ 일을 하는(方) + 방식(法) = **方法**

교과서 펼쳐 보기

① 어떤 일을 해 나가기 위하여 취하는 수단이나 방식을 (　　)이라고 한다.
② 한 가지 문제를 풀 때도 다양한 (　　)을 쓸 수 있다.

- 좋은 方法(방법)이 있어!
- 어떤 方法(방법)으로 문제를 해결하면 좋을지 이야기해 보시오.

'방법'이란 무엇일까요?

방법(方法)은 어떤 일을 해 나가는 수단이나 방식을 뜻합니다. '공부를 잘 하는 方法', '노래를 잘 부르는 方法' 등 여기저기서 方法이 쓰이는 것을 볼 수 있지요. 문제를 해결하기 위해서 여러 方法을 쓸 수 있어요. 예를 들어, 우리 반 학생들의 생일을 한눈에 보기 쉽게 정리하려고 할 때 표, 막대그래프, 그림그래프 등으로 나타낼 수 있습니다.

자형의 원리

부수: 方(모방) | 한자능력검정시험 7급 한자

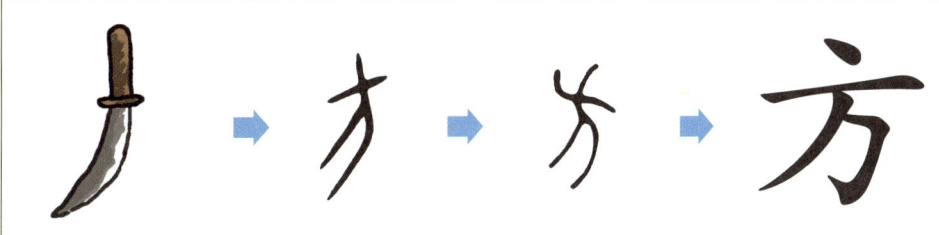

본래의 의미는 '칼자루'였으나 후에 의미가 변하여 '네모, 방향, 방법' 등의 뜻으로 쓰인 글자.

方	方	方	方	方	方	方	方	方	方
모방	모방	모방	모방	모방	모방	모방	모방	모방	모방

부수: 氵(삼수변) | 한자능력검정시험 5급 한자

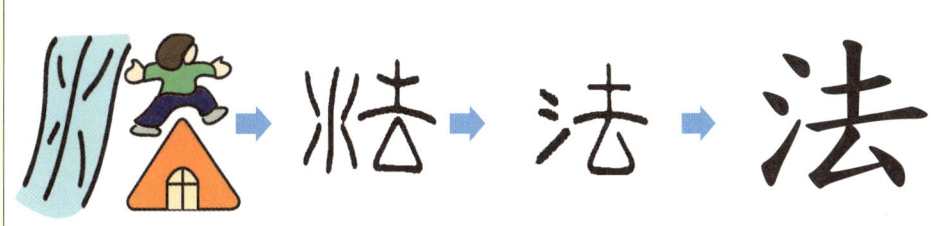

물(氵=水)은 높은 데서 낮은 곳으로 흘러가는(去) 규칙이 있다는 뜻에서 '법, 규칙'을 뜻하는 글자.

法	法	法	法	法	法	法	法	法	法
법법	법법	법법	법법	법법	법법	법법	법법	법법	법법

方法

方法

方法

方法

Chapter 11

評價 평가

왜 評價일까요?

값을 평하는 것을 평가라고 합니다.

→ 평하다(評) + 값(價) = **評價**

교과서 펼쳐 보기

① 물건이나 사람의 가치를 평하는 것을 (　　) 라고 한다.
② 배운 것에 대한 학습 수준을 잴 때도 (　　) 라고 한다.

- 이번 주에는 중간 評價(평가)를 하겠습니다.
- 다른 사람들을 함부로 評價(평가)해서는 안 돼.

'평가'란 무엇일까요?

평가(評價)는 사물이나 물건의 가치를 매기는 것을 말해요. 학교에서는 종종 중간 評價나 기말 評價로 배운 내용을 잘 이해하고 있는지 알아봅니다. 시험을 싫어하는 친구들은 이 評價를 무척 싫어해요. 하지만 評價에서는 높은 점수를 받기보다 공부한 것들을 잘 기억하고 응용할 수 있는지가 더 중요하답니다.

자형의 원리

부수: 言(말씀언) | 한자능력검정시험 4급 한자

평할 평

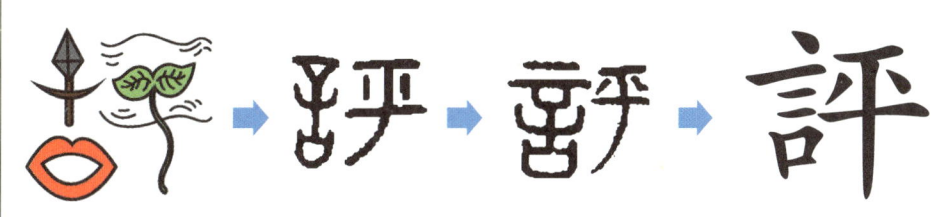

공평(公平)하게 '논한다'는 뜻의 글자.

評	評	評	評	評	評	評	評	評	評	評
평할 평	평할 평	평할 평	평할 평	평할 평	평할 평	평할 평	평할 평	평할 평	평할 평	평할 평

부수: 亻(사람인변) | 한자능력검정시험 5급 한자

값 가

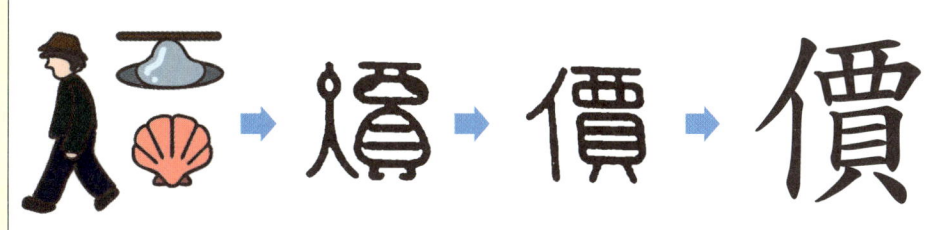

사람(亻=人)이 물건을 사고팔 때 큰 조개(貝), 작은 조개를 주고받아 그 값을 정한 데서 '값'을 뜻하는 글자.

價	價	價	價	價	價	價	價	價	價	價
값 가	값 가	값 가	값 가	값 가	값 가	값 가	값 가	값 가	값 가	값 가

評價
評價
評價
評價

部分 부분

왜 部分일까요?

전체를 나눈 조각을 부분이라고 합니다.

→ 나누어(分) + 거느리다(部) = 部分

교과서 펼쳐 보기

① 전체를 몇으로 나눈 것 하나하나를 (　　)이라고 한다.
② 분수는 전체에 대한 (　　)을 나타낸 수이다.

- 눈송이의 한 部分(부분)과 전체를 비교해 보시오.
- 이 部分(부분)은 특히 주의해서 살펴야 해.

'부분'이란 무엇일까요?

수학에서 부분(部分)이 가장 중요할 때는 언제일까요? 아마 분수를 공부할 때일 거예요. 분수는 전체(全體)에 대한 部分을 나타내는 수입니다. 또 수학에는 프랙탈이라는 것도 있어요. 프랙탈은 部分의 모양이 전체의 모양을 닮는 구조입니다. 고사리 잎이나 눈송이, 번개를 생각해 보면 이해하기가 쉽지요. 작은 部分을 떼어 살펴보면 신기하게도 전체 모습과 닮아 있답니다.

한자 넓혀 보기

- 全體(전체): 어떤 대상의 전부.

자형의 원리

부수: 阝(우부방) | 한자능력검정시험 6급 한자

떼 부/거느릴 부

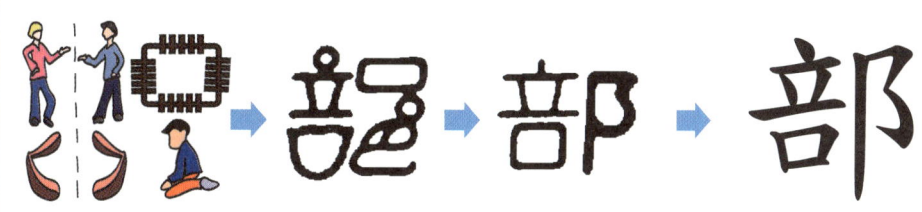

여러 고을(阝)을 나누어(咅) 다스린다는 뜻의 글자.

部	部	部	部	部	部	部	部	部	部
떼 부	거느릴 부	떼 부	거느릴 부	떼 부	거느릴 부	떼 부	거느릴 부	떼 부	거느릴 부	떼 부

부수: 刀(칼도) | 한자능력검정시험 6급 한자

나눌 분

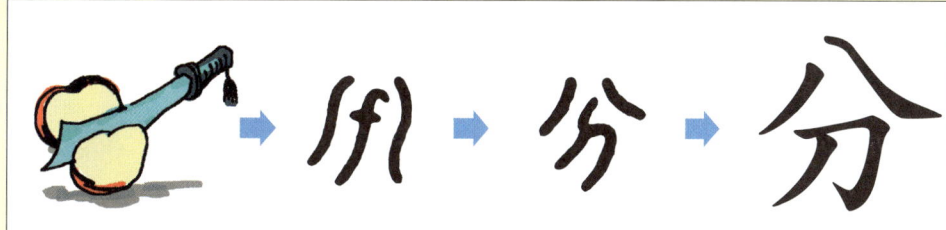

칼로 물건을 '나누다'는 뜻의 글자.

分	分	分	分	分	分	分	分	分	分
나눌 분	나눌 분	나눌 분	나눌 분	나눌 분	나눌 분	나눌 분	나눌 분	나눌 분	나눌 분

部	分								
部	分								
部	分								
部	分								

수학 학습 한자

Chapter 13

利用 이용

왜 利用일까요?

이롭게 쓰는 것을 이용이라고 합니다.

→ | 이롭게(利) | + | 쓰다(用) | = | **利用** |

교과서 펼쳐 보기

① 대상을 필요에 따라 이롭게 쓰는 것을 (　　)이라고 한다.
② 다른 사람이나 대상을 자신의 이익을 위해 쓸 때도 (　　)이라고 한다.

- 인터넷을 利用(이용)해 궁금한 내용을 찾아봅시다.
- 그 애는 아무것도 몰랐어. 그냥 利用(이용)당했을 뿐이야.

'이용'이란 무엇일까요?

이용(利用)은 어떤 대상을 필요에 따라 이롭게 쓰는 것을 말해요. 우리는 배운 내용을 이용해 문제를 해결할 방법을 찾지요. 학교의 목적은 우리가 학교에서 배운 것들을 실생활에 적용(適用)시킬 수 있도록 하는 데 있어요. 예를 들어, 여러 가지 표와 그래프를 배우면 이를 이용해 자료를 한눈에 보기 쉽게 정리할 수 있지요.

한자 넓혀 보기

- 適用(적용): 알맞게 이용하거나 맞추어 씀.

자형의 원리

부수: 刂(선칼도방) | 한자능력검정시험 6급 한자

이로울 리

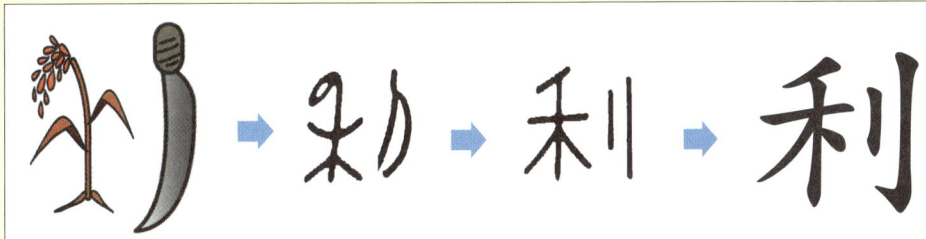

벼(禾)를 날카로운 도구(刂)로 베어 자기 것으로 만드니 농부에게 '이롭다'는 뜻의 글자.

利	利	利	利	利	利	利	利	利	利
이로울 리	이로울 리	이로울 리	이로울 리	이로울 리	이로울 리	이로울 리	이로울 리	이로울 리	이로울 리

부수: 用(쓸용) | 한자능력검정시험 6급 한자

쓸 용

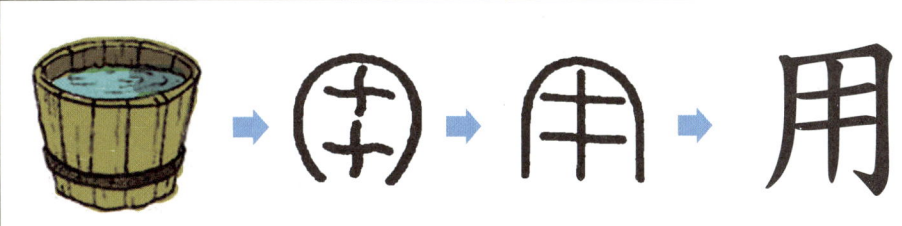

나무통에 물건을 넣은 모습의 글자. 물건을 속에 넣는다는 뜻에서 물건을 '쓰다'의 뜻을 나타냄.

用	用	用	用	用	用	用	用	用	用
쓸 용	쓸 용	쓸 용	쓸 용	쓸 용	쓸 용	쓸 용	쓸 용	쓸 용	쓸 용

利用

利用

利用

利用

Chapter 14

科目 과목

왜 科目일까요?

분야의 목록을 과목이라고 합니다.

→ 분야(科) + 목록(目) = 科目

교과서 펼쳐 보기

① 공부할 지식 분야를 나눠 놓은 것을 (　　)이라 한다.
② 요즘에는 융합이라고 해서 나누어 있던 여러 (　　)을 통합해서 가르치기도 한다.

- 내가 가장 좋아하는 科目(과목)은 수학이야.
- 科目(과목)별로 시험 시간이 달라요.

'과목'이란 무엇일까요?

과목(科目)은 우리가 공부할 분야를 나눠 놓은 것을 말해요. 학교에서 배우는 科目에는 어떤 것들이 있을까요? 국어, 수학, 사회, 과학, 영어, 체육, 음악… 학교에서 배우는 科目은 때에 따라 조금씩 달라져요. 가장 좋아하는 과목은 무엇인가요? 그 科目에서는 어떤 것들을 배우나요?

자형의 원리

부수: 禾(벼 화) | 한자능력검정시험 6급 한자

과목 과

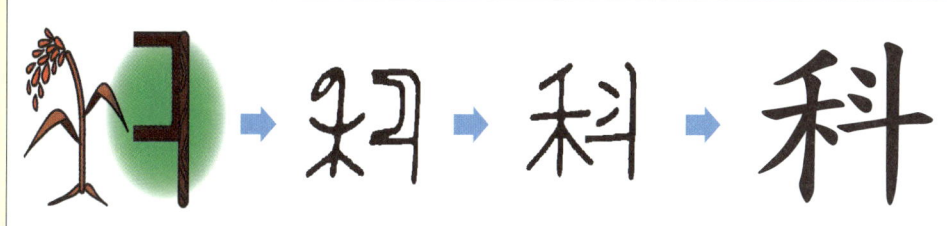

곡식(禾)을 말(斗)로 헤아려 등급을 매기듯, 학문 또한 일정한 기준에 의해 나눈 것이 '과목'이라는 뜻의 글자.

科	科	科	科	科	科	科	科	科	科	科
과목 과	과목 과	과목 과	과목 과	과목 과	과목 과	과목 과	과목 과	과목 과	과목 과	과목 과

부수: 目(눈 목) | 한자능력검정시험 6급 한자

눈 목

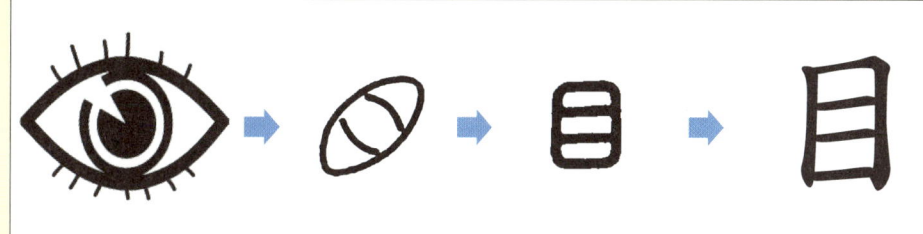

사람의 눈의 모양, 처음엔 가로로 길게 썼는데 세로쓰기에 맞추어 세로로 긴 모양이 되었음.

目	目	目	目	目	目	目	目	目	目	目
눈 목	눈 목	눈 목	눈 목	눈 목	눈 목	눈 목	눈 목	눈 목	눈 목	눈 목

科 目

科 目

科 目

科 目

수학 학습 한자

찾아보기

ㄱ

價 값 가 ·141
角 뿔 각 ·47, 53
間 사이 간 ·79
開 열 개 ·59
距 떨어질 거 ·81
決 결단할 결 ·131
結 맺을 결 ·133
計 셀 계 ·115
曲 굽을 곡 ·45
公 공평할 공 ·29, 31
科 과목 과 ·147
果 열매 과 ·133
過 지날 과 ·87
球 공 구 ·55
規 법 규 ·65
近 가까울 근 ·91
基 터 기 ·21, 135

ㄷ

多 많을 다 ·53
單 홑 단 ·77
當 마땅 당 ·123
對 대할 대 ·63, 97
大 큰 대 ·33
圖 그림 도 ·41, 111
度 법도 도 ·47
同 한가지 동 ·61

ㄹ

量 헤아릴 량 ·73

練 익힐 련 ·129
例 법식 례 ·103
料 헤아릴 료 ·107
類 무리 류 ·109
理 다스릴 리 ·125
離 떠날 리 ·81
利 이로울 리 ·145

ㅁ

滿 찰 만 ·89
面 낯 면 ·57
明 밝을 명 ·127
目 눈 목 ·147
未 아닐 미 ·89

ㅂ

反 돌이킬/돌아올 반 ·99
半 반 반 ·93
方 모 방 ·139
倍 곱 배 ·31
配 나눌/짝 배 ·105
番 차례 번 ·121
法 법 법 ·139
變 변할 변 ·69
本 근본 본 ·135
部 떼/거느릴 부 ·143
分 나눌 분 ·25, 105, 109, 143
比 견줄 비 ·101, 103

ㅅ

似 닮을 사 ·91

上 윗 상 ·83
序 차례 서 ·21, 67
線 줄 선 ·43, 45
說 말씀 설 ·127
小 작을 소 ·27, 35
垂 드리울 수 ·49
數 셈 수 ·19, 25, 27, 73
順 순할 순 ·67
習 익힐 습 ·129
時 때 시 ·79
式 법 식 ·103

ㅇ

約 맺을 약 ·29, 37
億 억 억 ·23
用 쓸 용 ·145
圓 둥글 원 ·55
原 언덕/근원 원 ·125
位 자리 위 ·77
率 비율 율(률)/거느릴 솔 ·101, 113
應 응할 응 ·97
意 뜻 의 ·137
以 써 이 ·83, 85

ㅈ

字 글자 자 ·19
資 재물 자 ·107
展 펼 전 ·59
正 바를 정 ·99
定 정할 정 ·75
兆 조 조 ·23
注 부을 주 ·137

直 곧을 직 ·43, 49
集 모을 집 ·117

ㅊ

體 몸 체 ·57
超 뛰어넘을 초 ·87
最 가장 최 ·33, 35
測 헤아릴 측 ·75
則 법칙 칙 ·65
稱 일컬을/저울 칭 ·63

ㅌ

統 거느릴 통 ·115
通 통할 통 ·37

ㅍ

評 평할 평 ·141
平 평평할 평 ·51
表 겉 표 ·111

ㅎ

下 아래 하 ·85
合 합할 합 ·61, 117
該 갖출/마땅 해 ·123
解 풀 해 ·131
行 다닐 행 ·51
形 모양 형 ·41
號 이름 호 ·121
化 될 화 ·69
確 굳을 확 ·113

김영광

서울대학교 사범대를 졸업하고 중앙중학교 교사로 근무하며 아이들에게 꼭 필요한
공부법을 교육 현장에서 오래 연구했습니다.
쉽고 오래 기억할 수 있는 학습법으로 한자만큼 좋은 방법이 없음을 알고
아이들 눈높이에 맞춘 한자 개념서를 다수 집필했습니다.

저서 〈영어 수학에 꼭 필요한 한자어〉, 〈국어 사회에 꼭 필요한 한자어〉,
〈과학 시간에 한자 쓰기〉 외 다수

초판 1쇄 인쇄 2018년 1월 18일
초판 1쇄 발행 2018년 1월 25일

지은이 김영광
펴낸이 김영철
펴낸곳 국민출판사
등록 제6-0515호
주소 서울특별시 마포구 동교로 12길 41-13 (서교동)
전화 02)322-2434
팩스 02)322-2083
블로그 http://blog.naver.com/kmpub6845

편집 임여진, 한수정
표지 디자인 최치영
내지 디자인 블루
경영 지원 한정숙
종이 신승 지류 유통 | **인쇄** 예림 인쇄 | **표지 코팅** 수도 라미네이팅 | **제본** 은정 제책사

ⓒ 김영광, 2018

ISBN 978-89-8165-329-3 (64700)
ISBN 978-89-8165-323-1 (세트)

- 이 책의 전부 또는 일부를 이용하려면 국민출판사의 서면 동의를 받아야 합니다.
- 잘못된 책은 구입한 서점에서 교환하여 드립니다.